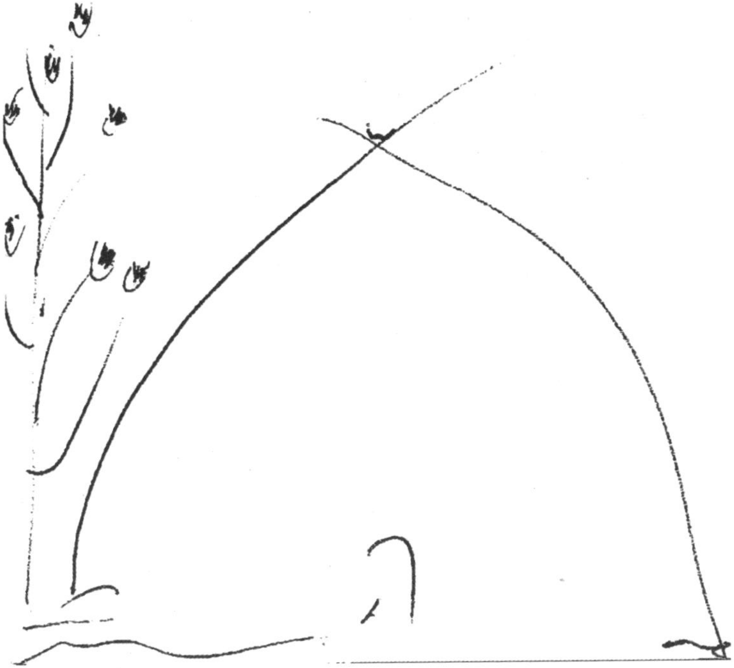

Copyright © Yussef Campos e Ailton Krenak, 2021
Todos os direitos reservados à Editora Jandaíra, uma marca
da Pólen Produção Editorial Ltda., e protegidos pela Lei 9.610, de
19.2.1998. É proibida a reprodução total ou parcial sem a expressa
anuência da editora.

Este livro foi revisado segundo o Novo Acordo Ortográfico
da Língua Portuguesa.

Direção Editorial Lizandra Magon de Almeida
Assistência editorial Maria Ferreira e Karen Nakaoka
Preparação de texto Sibelle Pedral
Revisão Dandara Morena
Projeto gráfico e diagramação dorotéia design | Adriana Campos, Pedro Victor e Flávia Pacheco

---

Maria Helena Ferreira Xavier da Silva/ Bibliotecária – CRB-7/5688

C198l   Campos, Yussef
           Lugares de origem / Yussef Campos , Ailton Krenak. – São Paulo :
    Jandaíra, 2024.
            112 p. ; 21 cm.

            ISBN 978-65-87113-69-2

            1. Brasil - Assembleia Constituinte (1987-1988). 2. Patrimônio
    cultural. 3. Políticas públicas. 4. Civilização indígena - Brasil. 5.
    Indígenas – participação política. I. Krenak, Ailton. II. Título.

Número de Controle: 00031   CDD 980.41

---

jandaíra

Rua Vergueiro, 2087 · cj 306 · 04101 000 · São Paulo · SP
editorajandaira.com.br
 | editorajandaira

AILTON KRENAK
E YUSSEF CAMPOS

LUGARES DE ORIGEM

SÃO PAULO | 2024
2ª REIMPRESSÃO

jandaíra

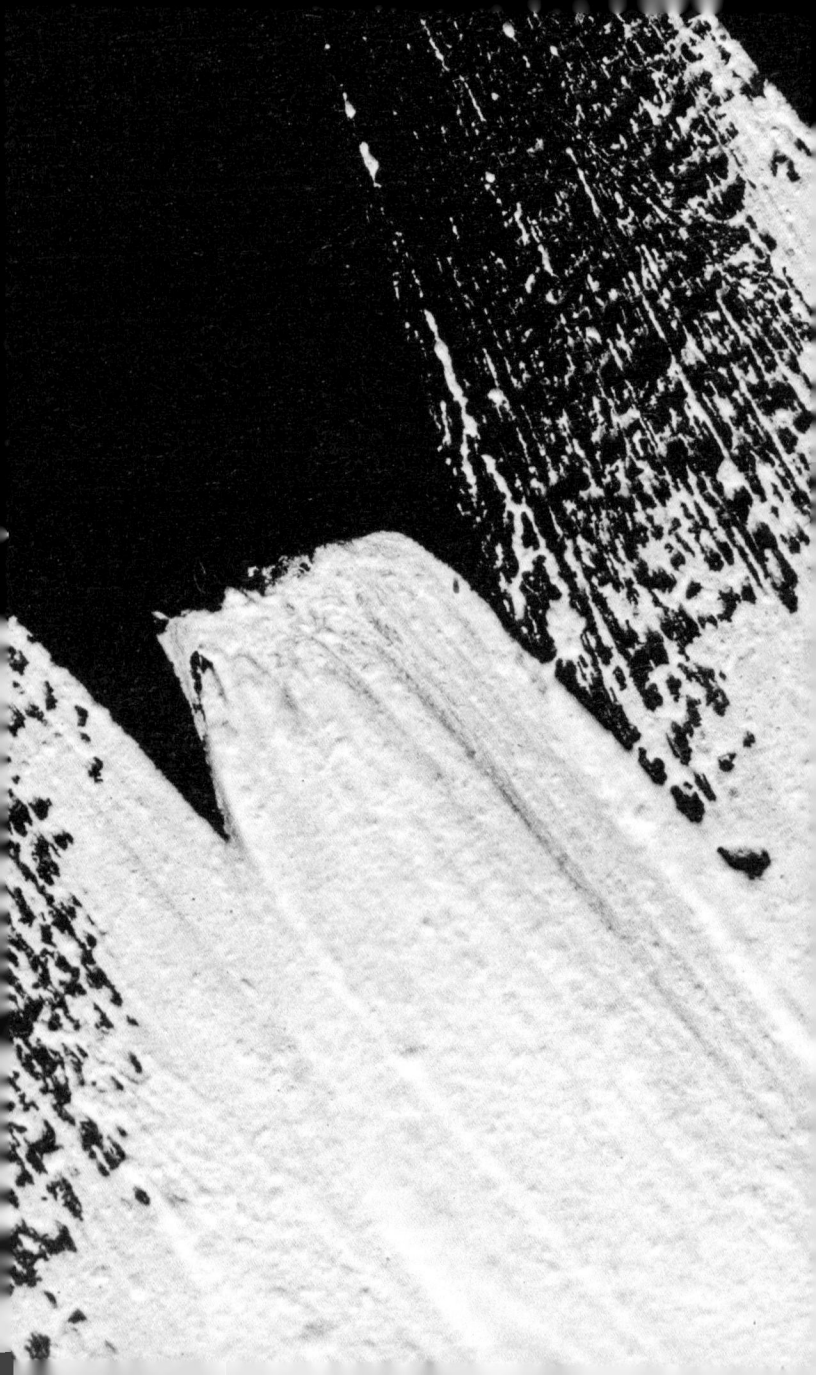

SUMÁRIO

Apresentação	**6**
Sobre os textos	**8**
Parte 1: Norma jurídica não é poesia	**11**
Parte 2: Territórios indígenas como lugares de origem	**43**
Parte 3: Ancestralidade e prospecção	**81**

APRESENTAÇÃO

Este livro nasceu da relação entre dois estudiosos, na academia – começou quando Yussef Campos, historiador, pesquisava a abordagem da Assembleia Nacional Constituinte ao patrimônio cultural, em seu doutoramento. Ao longo dos anos, converteu-se em fraterna amizade.

Quase trinta anos antes dessa investigação, a atitude indelével e inexorável de Ailton Krenak na Constituinte, ao pintar seu rosto de jenipapo, declarando guerra e luto aos parlamentares que perverteram os acordos realizados nas audiências públicas, fizera dele uma das mais importantes lideranças indígenas do país.

De 2012 até hoje, os autores mantêm diálogo constante sobre as questões indígenas brasileiras, sobre seus direitos culturais e territoriais, e os atentados cometidos contra eles. Esses diálogos se dão tanto em eventos acadêmicos quanto em encontros informais, ocorridos em diversas instituições de ensino superior de nosso país.

Alguns transformaram-se nos textos que compõem este livro. No atual contexto, tão desfavorável à democracia, podem ser lidos como um libelo em favor dos indígenas e de seus direitos. A começar por sua terra, que é o Brasil e os diferentes Brasis. Lugares de origem.

Ailton Krenak
Yussef Campos

SOBRE OS TEXTOS

Os textos deste livro nasceram da pesquisa de Yussef Campos e contaram com a contribuição de Ailton Krenak.

"Norma Jurídica não é poesia" traz os principais trechos da entrevista cedida por Ailton Krenak a Yussef, uma das fontes para sua tese, cujo formato em livro trata-se do livro *Palanque e Patíbulo*. Foi publicada na revista *Horizontes Antropológicos*, nº 51, em 2018.

Quanto a "Territórios indígenas como lugares de origem": em outubro de 2019, Ailton Krenak esteve em Goiânia para abrir o IV Seminário do Núcleo de Estudos de Antropologia, Patrimônio, Memória e Expressões Museais da Universidade Federal de Goiás (NEAP-UFG) e o I Seminário Lugar e Patrimônio, intitulado "Patrimônios marginalizados e a luta pelo território", organizado pela Faculdade de História e pelo Programa de Pós-Graduação em História da UFG, com coordenação geral de Yussef Campos. Trata-se da transcrição da fala de Ailton

Krenak com o mínimo de intervenções, preservando o ritmo da oralidade para que o leitor perceba um pouco da dinâmica da fala do orador. A apresentação foi transcrita por Paulo Victor Ribeiro Trindade, bolsista CNPq do projeto "A tensão entre memória e história: o patrimônio cultural como área de conflito", coordenado por Yussef Campos.

Uma primeira versão foi publicada em "Patrimônio imaterial e política pública no Brasil" organizado por Inês Virgínia Prado Soares, Yussef Daibert Salomão de Campos, Raul Amaro de Oliveira Lanari. Belo Horizonte: Letramento, 2021. A última parte do livro é um ensaio inédito de Yussef Campos, trazendo para o presente as discussões anteriores.

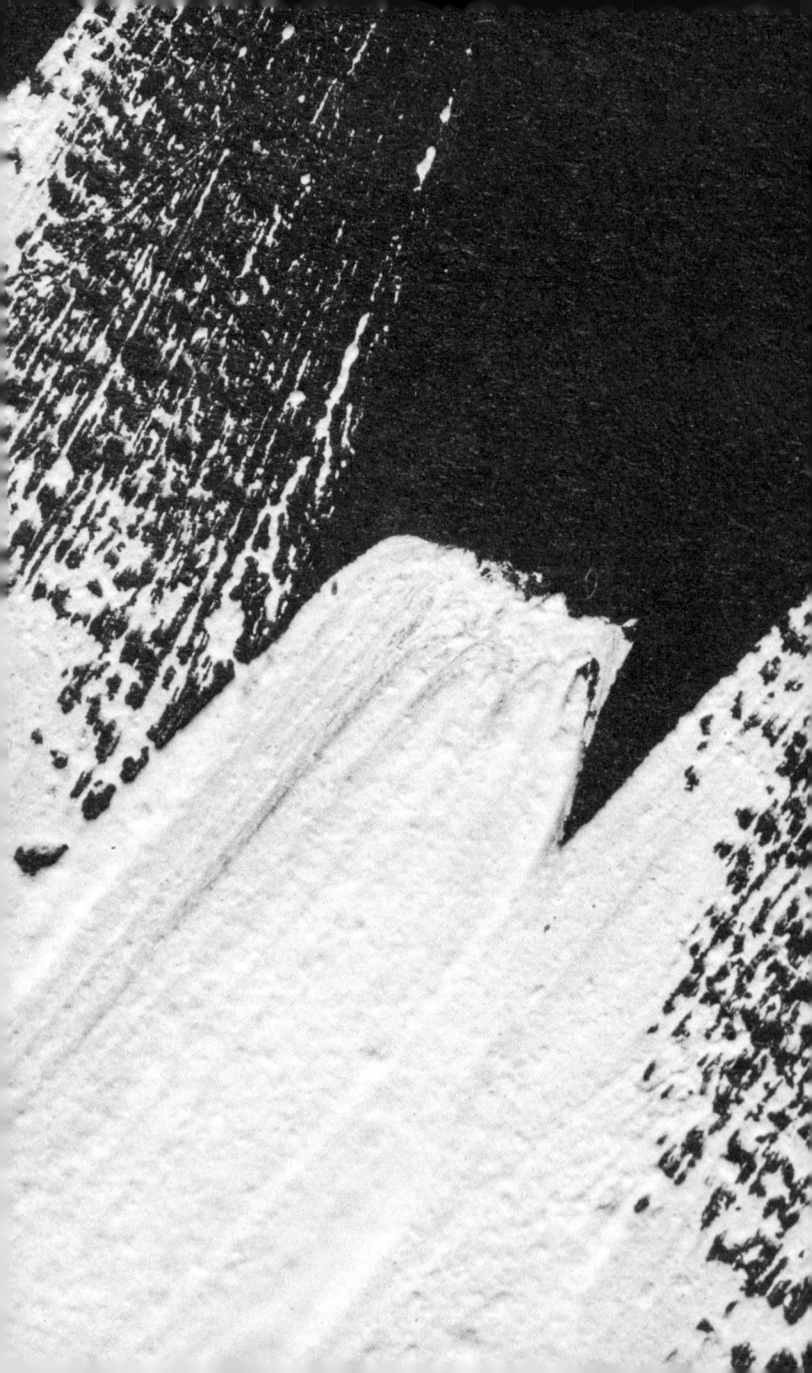

PARTE 1
NORMA JURÍDICA NÃO É POESIA

Entrevista de Ailton Krenak a Yussef Campos

Ailton Krenak é um homem que enxerga além de seu tempo. Nos anos de 1987 e 1988, teve importante participação nos debates constituintes, representando, de maneira incisiva e evidente, a causa indígena. Em nome da União das Nações Indígenas (UNI), ele participou de assembleias e plenárias, como as da Subcomissão da Educação, Cultura e Esportes. Em defesa das causas indígenas (como seu patrimônio cultural), pintou seu rosto de jenipapo, num gesto *Rin'tá*, que significa "armado de luto e de guerra", ao discordar das modificações que subverteram reivindicações apresentadas nas subcomissões e comissões anteriores à Comissão de Sistematização. Esta entrevista, concedida em Belo Horizonte, em junho de 2013, traz também os diálogos que antecederam a entrevista em si, para uma melhor contextualização da conversa. Nesta transcrição, buscou-se manter a informalidade e a fluidez da conversa.

Ailton Krenak: [Participei] como membro de um segmento da nossa sociedade que estava demandando ao Congresso questões de direitos que ainda não estavam definidos. E demandando como parte da sociedade mobilizada em torno desses novos direitos; para a gente aquilo [o conceito de Patrimônio Cultural] eram novos direitos de certa maneira, mas tinham implicação direta na fruição da nossa cultura, das nossas práticas, coisas ligadas à saúde, à educação, à memória, ao próprio acervo material da cultura.

Yussef Campos: As demandas são mais amplas, e dentro dessas demandas está o Patrimônio Cultural. Quando falamos em reivindicação sobre a memória indígena, de certa forma discutimos o Patrimônio Cultural. E a participação do senhor, não só na Subcomissão de Cultura, mas também na Subcomissão dos Negros e Indígenas, encabeçada pela Deputada Benedita da Silva...

Ailton Krenak: É, a Benedita. Muito ativa, a Benedita foi uma liderança importante pra caramba nesse processo.

Yussef Campos: Sr. Ailton, o senhor pode repetir o que disse sobre o fato de Octávio Elísio[01] ser "parabólica das reivindicações"?

---

01 // Octávio Elísio (1940) foi deputado na Assembleia Nacional Constituinte pelo então PMDB, eleito por Minas Gerais.

Ailton Krenak: O Octávio Elísio tinha um mandato na Constituinte e teve uma presença muito criativa para a demanda dos povos indígenas. Por exemplo, ele teve um compromisso pessoal de apoiar as nossas posições nas comissões e na votação depois na Plenária. A presença dele ali refletia uma atitude de uma cidadania de um tipo que não é muito comum, que as pessoas não têm... Não é muito comum encontrar homens com uma visão tão plural assim. Eu usei a ideia da parabólica porque ele conseguia atinar com todos os vínculos que podiam estar relacionados com aquelas demandas que a gente levava para a Constituição de 1988. Na verdade, a gente estava inaugurando novos direitos, e o Octávio refletiu as posições dele na Constituinte. Ele acreditava que aquela plataforma de direitos, os direitos fundamentais dos seres humanos, precisava estar de alguma maneira refletida na nossa Constituinte, como uma carta assim que acolhesse as visões mais inovadoras do convívio de uma sociedade plural, com as diferenças de origem, com uma percepção muito, muito tranquila de que o povo brasileiro está em formação. Somos uma nação o tempo inteiro se atualizando. A despeito de ter na sua origem, digamos assim, histórica mais antiga os índios e os portugueses, e depois os negros, e depois os italianos, nós somos na verdade uma imensa máquina de atualização, como dizia o Darcy Ribeiro, com gente chegando de vários lugares do mundo. Nos séculos 18, 19 e 20, o tanto de gente que veio parar aqui, e as visões que esses povos todos trouxeram para esse concerto que é o Brasil, que é o povo brasileiro, é uma coisa muito plural.

Foi bom a gente começar a conversa mencionado o Octávio e a Benedita, porque a Benedita da Silva, nossa colega lá na Constituinte também, estava na vanguarda dos direitos humanos; estavam na bandeira da Benedita. Eu não tinha uma compreensão tão ampla do processo que a gente estava vivendo naquela época. Dez anos depois, 20 anos depois é que eu fui descobrir passos que nós demos ali no debate da Constituinte que foram importantes, e continuam sendo importantes, nas políticas públicas do nosso país e na implementação de novos direitos. No caso do Patrimônio Cultural ou Patrimônio Material e Imaterial, essas conquistas, digamos, dos últimos 50 anos, que a sociedade brasileira vem consolidando, representam para os povos indígenas hoje uma conquista tão relevante quanto a de ter garantido o direito de expressar-se na sua própria língua. Tem muitos povos que preservam a língua materna, mais de uma centena de comunidades que ainda falam suas línguas de origem. Até a Constituinte, era vedado o direito de essas pessoas fazerem um documento, um registro, inclusive um registro civil. Eu sou de uma geração de pessoas que quando nasceram não podiam botar o nome dos pais na língua materna, não podiam botar o nome que os pais escolhiam para os filhos, os filhos eram nomeados pelo cartório e com o nome considerado brasileiro, geralmente um nome português. [O que era até] melhor do que o que tem acontecido nos últimos dez anos, quando as crianças viraram tudo Michael... Michael Jackson, essas coisas assim.

Mas os índios tinham um impedimento de transmitir sua herança cultural, que tem um significado em cada cultura. O prenome da pessoa pode ter diferentes significados em diferentes culturas. No caso dos povos indígenas, essa herança que é transmitida com o nome tem um condão de fazer com que essa criança que recebe esse nome se vincule também a outros ritos futuros de identidade, de construção de identidade. É muito trágico que durante tanto tempo, talvez dois séculos, do século 18 até o final do século 20, pelo menos, muitos desses povos tenham sido impedidos de fazer essa transmissão no âmbito doméstico; dentro de casa os pais podiam eventualmente chamar os filhos pelo nome, mas fora de casa os filhos tinham que ser chamados pelo nome estrangeiro, uma alcunha, um nome que alguém escreveu no cartório.

No caso dos índios ainda tinha mais uma complicação, porque eles eram tutelados, existia esse controle estreito sobre a rotina das famílias. Então, quando as crianças nasciam, quem fazia a primeira anotação, o primeiro registro do nascimento era um funcionário do governo, um agente federal, e esse funcionário geralmente era um cara que tinha preconceito com a cultura indígena. Era comum que ele botasse o nome dele nas crianças indígenas, ou o nome do pai dele, do avô dele, do tio dele, de quem ele achava simpático, de um político, de algum personagem ilustre para ele; ele pegava o nome e botava no indiozinho que tivesse nascendo. Então é muito louco porque você vai encontrar índios com o nome de Bartolomeu, Thiago, Demóstenes, Diogo, nomes em espanhol ou português ou grego, mas você não vai encontrar os menininhos com os nomes que têm significado – mais do que significado, que têm sentido para eles na sua cultura.

E isso é imaterial.

A gente está falando de um aspecto imaterial da cultura, mas tem os aspectos ligados diretamente ao cotidiano e até à sobrevivência das pessoas, que é a expressão, digamos, estética. O ato de construir objetos, confeccionar artefatos, essa produção que os vários povos indígenas sempre tiveram. Muitos perderam a técnica e até o conhecimento sobre a confecção de alguns desses artefatos. Eles também foram muito desvalorizados, muito descaracterizados, por falta de instrumentos que possibilitassem a defesa dessas comunidades, a defesa desse patrimônio pelos índios, pelos portadores desse conhecimento. [Isso aconteceu com] alguns artefatos que eram construídos num processo compartilhado, criativo, no meio das comunidades, a exemplo das máscaras rituais. Tem um episódio relacionado com essas coisas das máscaras rituais. Ali pela década de 1930, 1940, os padres salesianos chegaram no Alto Rio Negro e encontraram uma comunidade que ainda tinha muita vinculação com sua memória, digamos assim, ancestral, e ainda produzia muitos objetos simbólicos, muitos objetos da cultura. Eles viram uma máscara que o Pajé usava e identificaram essa máscara como a caricatura do demônio ou qualquer coisa parecida. Os padres queimaram a casa das máscaras, queimaram os objetos rituais, estigmatizaram os artistas que faziam esses objetos como se fossem feiticeiros ou, sei lá, carpinteiros do capeta ou alguma coisa assim. Jogaram uma pecha tão negativa sobre esses artefatos e esses artesãos que os caras não tiveram coragem de ensinar os filhos deles a reproduzir esses objetos. Eles pensavam: "Se eu ensinar meu filho, meu neto, meu sobrinho a fazer uma máscara desta, ele vai carregar com ele depois a mesma maldição que me marcou".

[Voltando à Constituinte,] hoje nós temos alguns instrumentos ou avanços. Acho que, naquele amplo espaço de debate, a Constituinte de 1988 nos possibilitou capturar alguns cristais, alguns diamantes que a gente tinha, carregava nos nossos bolsos, mas não tinha ideia do valor e da potência deles. Eu acho que na Constituinte a gente conseguiu perceber a potência que esses direitos que nós carregávamos traziam em si mesmos, e como que eles podiam projetar novos espaços de atuação, de conhecimento, de saber mesmo para além da nossa geração, para as gerações futuras. A nossa participação na Constituinte foi muito rica e reflexiva porque a gente estava ao mesmo tempo descobrindo novos direitos, projetando para o futuro esses novos direitos e, na verdade, inventando novas dimensões de mundo, novos lugares de vivência de exercício da cultura e da subjetividade. Quando os indivíduos conseguem atinar com a grandeza, com a amplidão que a cultura ganha com a imaterialidade, ambos, cultura e indivíduo, transcendem. O sujeito deixa de ser um animal doméstico e se torna mais capaz de interagir no mundo, não no mundo no sentido restrito da sua cultura própria, mas de interagir com as outras culturas, se comunicar e transformar as múltiplas realidades. É como se o indivíduo ganhasse óculos que permitissem a ele enxergar múltiplas realidades e o tirassem desse chão plano onde estamos o tempo inteiro pregados, colados pela dura realidade, a assumir uma realidade monolítica, a encarar uma realidade estruturada. E esses óculos permitem que as pessoas percebam as múltiplas realidades e como que elas são, o tempo inteiro, mutantes.

[Também percebem como] o ser humano pode se beneficiar dessa mobilidade, e isso atualiza o ser humano, atualiza as mentalidades. E é muito louco, porque a gente consegue atinar com esses mundos todos, com essas realidades plurais, com essa mobilidade toda que podemos experimentar. Convivemos com sociedades ainda tão arcaicas no planeta! Arcaicas no sentido positivo e arcaicas também no sentido mais, digamos, prejudicial para os humanos, porque tem alguns lances de memória, das visões e das realidades que são compartilhadas no mundo hoje e carregam o que tem de pior do ser humano. [Eu me refiro à] coisa mais autoritária, ao elogio do indivíduo, a um egoísmo exacerbado, [características que são] do ser humano mesmo, que é para lembrar que nós somos isso também. Se o ser humano consegue ser universal, vasto e plural, ele consegue ser também mais pesado do que uma lápide, uma placa de pedra pregada no chão, que não se move.

E a minha experiência da Constituinte foi assim: ao mesmo tempo que eu interagia numa... criando faíscas de contato com outras realidades, eu enriquecia a mim mesmo como ser humano, como pessoa, para fruir melhor a vida, sacar a vida de uma maneira mais cheia de possibilidades.

Yussef Campos: O artigo 216 da Constituição foi promulgado com o seguinte texto: "Constituem patrimônio cultural brasileiro os bens de natureza material e imaterial", e é a primeira vez que surge no ordenamento jurídico o imaterial, a partir da "identidade, da memória e da ação dos diversos grupos formadores da sociedade brasileira". E fala dos modos de expressão, do fazer, dos saberes, além dos edifícios, da parte material. De que maneira o senhor viu o reflexo das reivindicações que o senhor personificou na Constituinte, quando se falou da defesa da memória e da identidade dos diversos grupos formadores da sociedade brasileira?

Ailton Krenak: Eu acho fantástico que, em algum momento, a mente, o pensamento brasileiro dos nossos contemporâneos tenha elaborado uma coisa tão sofisticada quanto esse artigo, você me entende? Porque lei, norma jurídica, é uma coisa dura; norma jurídica não é poesia. É muito difícil você ver poesia em norma jurídica. Conseguiu-se avançar num pensamento que vai ter sentido político, que vai ter sentido jurídico-político, e que tem sentido também para um outro cara ler e entender o que você está falando. Acho que é uma demonstração de inteligência muito fina dos brasileiros terem conseguido construir no final do século 20 esse instrumento dessa maneira. Se você traduz [o texto] para o inglês, para o japonês, para qualquer outra língua, é o maior barato, porque você está botando esse vórtice de energias e de ideias em contato com outras culturas, contaminando outras visões e outras culturas com essa pluralidade de sentidos do saber humano, do conhecimento humano, da potência humana.

Quando nós conseguimos botar essa expressão no estamento jurídico do Brasil, nas leis do Brasil, e conseguimos que alguém entenda isso, seja um gestor, um ministro, um burocrata, um aplicador de leis, ora, quando você consegue fazer uma coisa que é percebida pelos outros, reconhecida pelos outros com esse sentido tão criativo, você, de verdade, move a pedra, faz a novidade. Então eu sinto que na prática a vida das pessoas, de dezenas, centenas de famílias, de comunidades inteiras ganhou mais luz, ganhou um raio de sol, ganhou um sentido na vida das pessoas...

Eu mencionei aquela coisa das máscaras que foram excomungadas pelos padres. Mencionei a coisa dos índios que não podiam botar o nome nos filhos. Mencionei outras práticas que foram banidas ou que eram consideradas interditadas por qualquer outra visão e que passaram a ser protegidas graças a esse princípio novo. E elas não só passaram a ser protegidas, como passaram a ser estimuladas. Hoje se apoia a difusão dessas novas práticas, e é garantido o direito de inovação. Hoje qualquer comunidade nossa pode publicar, escrever no seu próprio idioma, não precisa obrigatoriamente ser em português. Qualquer comunidade tem direito ao exercício óbvio de nomear seus filhos, de transmitir sua língua, transmitir valores transcendentes da sua visão do mundo, da sua espiritualidade.

Yussef Campos: Por exemplo, foi a partir dessa norma, Sr. Ailton, que a Arte Kusiwa dos índios Wajãpi se torna uma identidade nacional, um Patrimônio Cultural Brasileiro. Eu queria que o senhor falasse da diferença que o senhor identificou, no sentido de que, antes de se tornar patrimônio, essas expressões são *recursos*.

Ailton Krenak: São recursos. O interessante é que, mesmo a gente vivendo o exercício da pintura corporal, dos ritos, da construção desses objetos todos e sentindo como esses recursos são suporte para a nossa vida, para a nossa existência, [inclusive para a] nossa existência física, de proteção, um abrigo, a nossa casa, os objetos, as ferramentas e os artefatos que a gente usa para preparar o alimento, os remédios, para construir a ponte entre a prática cotidiana e os rituais... Todos esses artefatos, esses objetos, eles são recursos do cotidiano, tão essenciais quanto uma ponte para atravessar um rio ou um fogo para cozinhar. Esses recursos estão presentes na vida de todo mundo, inclusive das comunidades mais isoladas e aparentemente desprovidas de qualquer visão crítica sobre a realidade deles mesmo, inocentes sobre esses recursos. Mas os recursos estão ali, eles são inerentes, fazem parte da vida das pessoas.

O que eu achei muito interessante no processo que me envolveu na Constituinte é que eu tinha patrimônio muito mais como *recursos* do que como *direito*. Antes de isso aparecer para mim como um acervo, um patrimônio, ele aparecia como um recurso, e eu nem tinha pensado criticamente na diferença que pode haver entre um acervo e um recurso. Agora, pensando criticamente, imagino que a diferença seja a seguinte: o recurso é aquilo que você frui na vida, é como mudar de paisagem e experimentar a brisa, o vento, o cheiro, o bem-estar de um lugar saudável, e descobrir que o outro lugar de onde você veio estava poluído, era sujo e insalubre. Depois que você experimenta o bem-estar de fruir um recurso, [tudo se modifica]. Ele não é um acervo disponível, [porque] você não tem consciência desse acervo, não sabe que do outro lado da montanha você pode respirar ar puro; você está do lado de cá da montanha, e se atravessar para o lado de lá vai respirar ar puro, beber água limpa. Vai fruir um recurso. É diferente da ideia de você ter um acervo. Nesse conceito de acervo, você está aqui deste lado da montanha, mas sabe que do outro lado da montanha tem disponível um conjunto de bens, de coisas que você pode ter contato.

Da Constituinte para cá, passamos a difundir a ideia de que existe um acervo. Fica do lado de lá da montanha e inclui os bens tangíveis, aquilo que você toca, que você percebe, que você consegue demonstrar, e também os intangíveis, aquilo que os Wajãpi, por exemplo, em algum momento no final da década de 1990, começaram a se tocar que eles tinham como expressões da sua cultura material e imaterial. [Eles perceberam também] que esses objetos da cultura, esses recursos da cultura que eram, ao mesmo tempo, artefatos do seu cotidiano, eram também suporte de visões e de conhecimentos deles que são intangíveis. [Então] quiseram juntar esses aspectos tangíveis e intangíveis do seu patrimônio, digamos assim, do seu acervo cultural, e obter um registro que inovou no caso dos povos indígenas a criação desse novo instrumento. Os Wajãpi fizeram, e outras comunidades indígenas decidiram também fazer inventários culturais [com elementos] que só eles mesmo valorizam, só eles mesmo consideram transcendentes na sua visão do mundo. Eles ficariam incompletos se tivessem que viver o resto da vida deles sem aqueles bens. Os índios estão fazendo isso e os negros também... Tem muitas comunidades hoje buscando usar esse mesmo instrumento, eu acho que inclusive os pomeranos e aqueles açorianos que vieram lá para o sul do Brasil e vivem em comunidades próximo do mar como pescadores. Esses pescadores e essas comunidades ribeirinhas têm vínculos muito fortes com a memória e visões de aspectos intangíveis desses sítios, desses lugares onde eles vivem. Querem reivindicar o direito de continuar vivendo nesses territórios e de experimentar a sua cultura como um direito inalienável. Nem o Estado nem o mercado têm o direito ou o poder de decidir sobre isso. Ao contrário, o Estado e o mercado, essa entidade supranatural que está cada vez mais se materializando e entrando na vida de todo mundo, não têm mais o poder exclusivo de decidir sobre a fruição desses direitos... De [os povos] viver [em determinado] lugar.

O negócio é o seguinte: se tiver um coletivo que decidiu viver numa determinada orla, numa praia ou na beira de um vulcão; se eles decidiram reivindicar o direito de viver ali, existe hoje resguardo para esse direito. Isso é que é bacana, isso que é importante. É o ser humano estar protegido, podendo recorrer a meios que permitam a ele o seu exercício livre da cultura, e que talvez seja o contato mesmo com a espiritualidade, a coisa da alma. Os humanos não são só portadores de necessidades materiais, mas são reconhecidamente seres criativos, criadores e portadores de dons transcendentes.

Yussef Campos: A Constituinte foi marcada por conflitos de ideias, conflitos econômicos... O senhor, quando leva a bandeira da reivindicação da preservação da memória indígena, da cultura indígena, da identidade indígena, e vê isso refletido no artigo 216, conforme o senhor já disse... E, aí, o senhor, em uma manifestação de indignação pelo que está sendo feito num certo momento na Constituinte, pinta o rosto de jenipapo. Como esse conflito ficou marcado na memória do senhor? Esse momento marca o não atendimento de quais reivindicações?

Ailton Krenak: Na verdade, naquele momento na Constituinte, eu pude me manifestar, expressando assim a posição ou a visão de um coletivo sobre o momento histórico que a gente estava vivendo. A minha decisão de pintar o rosto de jenipapo, pintar a cara de preto, tem um certo sentido universal também, que é do luto, a despeito de ser uma coisa da cultura dos índios. Ao passar aquela tinta preta no meu rosto, eu estava rompendo com o diálogo ali, naquele espaço da Constituinte, e declarando ao mesmo tempo um luto, uma indignação com a atitude canalha que os caras da direita, os racistas todos que estavam no Congresso, expressavam contra os direitos humanos.

Ao mesmo tempo, eu também estava declarando guerra a eles, e gritando: "Vocês são todos uns canalhas, e eu não tenho medo de vocês... Morte, morte!" Eu estava dando um grito de guerra, e esse momento de ruptura com o diálogo foi para mim uma experiência radical como ser humano também, porque abriu para mim a possibilidade de romper com o passado, romper com as coisas atrasadas no sentido de ficar bloqueando os processos que são naturais. Eu tinha entendido que naquele momento a gente tinha que botar pra quebrar, mesmo se a gente tivesse que brigar... Os caras ficavam fazendo aquele jogo da direita, um jogo canalha da direita, de cercear os nossos direitos, mas... cinicamente. Aquela coisa de "o Parlamento, o Parlamento, o Parlamento"... Teve um momento em que eu percebi que o Parlamento era o lugar da conversa, era o lugar da palavra, *parlamento*, o próprio nome do lugar já definia isso. E, a despeito de aquele lugar ser o Parlamento, eu tinha 10 minutos para dizer tudo o que o povo indígena e outras minorias tinham para dizer num Congresso de 400 e tantos parlamentares, nenhum dos quais estava a fim de me ouvir. Então eu falei: "Pô, isso aqui é um engodo".

Yussef Campos: Em que momento foi isso, o senhor se lembra? Foi no início da Constituinte ou já no final?

Ailton Krenak: Foi no final, na votação do texto da Constituinte. A gente já tinha passado pelas Comissões todas, já tinha experimentado a pilhagem dos caras da direita contra a gente, [eles] já tinham tentado quebrar a gente ao longo de um ano e meio no Congresso.

Yussef Campos: E essas pilhagens, que o senhor diz, refletiu...

Ailton Krenak: Era pilhagem mesmo, porque a gente acabava de votar um texto numa Comissão, fechava a sala e, no outro dia, quando você ia trabalhar com o texto, estava adulterado. Tinha espionagem, tinha sequestro, roubo, tinha todo tipo de coisa na Constituinte.

Yussef Campos: Isso de alguma forma também se referia ao Patrimônio Cultural ou da Cultura Indígena, da Memória Indígena? O senhor sentiu esse boicote também?

Ailton Krenak: Senti. Não tem dúvida. Afetava a percepção de todo mundo [sobre o] que estava sendo proposto ali. E o que foi muito louco é o seguinte: tinha na época um ajuntamento de partidos de direita que eles se chamavam "Centrão". Os paulistas diziam Centrão já com essa conotação mesmo, de direita. Os caras eram da direita. Era assim, a Ku-Klux-Klan. Eles achavam que o Brasil era um país de gente branca, de gente rica, que todo mundo escovava o dente e sabia votar para presidente, quando na verdade existia um racha imenso, a ponto de a gente ir assim para uma Guerra Civil. O país estava todo arregaçado, e os paulistas com aquela hipocrisia. E alguns mineiros e nordestinos sem vergonha também estavam com eles.

E gente como o Octávio Elísio, que eu mencionei no começo... Era uma excelência quando você tinha um camarada com a visão dele. Daqui de Minas, eu acho que a gente teve uns dois ou três Constituintes que foram vultos no Congresso de 1988. De São Paulo, teve alguns camaradas interessantes. No Rio Grande do Sul também teve. Maurício Fruet[02] foi um cara na Constituinte que teve posição muito boa, e não foi o único. Vamos imaginar que, dos 400 e tantos cidadãos brasileiros na Constituinte, você tinha uns 30, 40 que tinham uma visão plural da realidade do nosso país. Os outros eram reacionários mesmo, estavam lá para ganhar [concessões de] rádio, TV, consórcio; para trambicar. Eles estavam mais interessados em fazer as leis da ordem econômica, entendeu?

Yussef Campos: O senhor elogiou o texto do artigo 216. Sendo assim, o senhor acha que ele seria uma exceção a essa adulteração toda que ocorria no âmbito das subcomissões? Seria uma exceção até, de repente, pela presença do Octávio Elísio na Subcomissão em questão?

---

02 // Maurício Fruet (1938-1998) foi deputado constituinte pelo Paraná, eleito pelo então MDB.

Ailton Krenak: Olha, eu acho que tem outros... Nós conseguimos que outros textos, dos direitos do patrimônio cultural, de direitos fundamentais das minorias, fossem aprovados do jeito que entraram. À base de muita luta. A gente brigava por eles como se estivéssemos fincando uma bandeira numa colina. A gente não deixava os caras descaracterizarem as propostas que eram levadas para as discussões nas Comissões e votadas lá na Plenária. Uma vírgula, um cedilha, era motivo de cacetes que paravam o Congresso uma semana. Não era brincadeira não, a bronca era séria. E como tinha muita pluralidade nas Comissões, você tinha [até mesmo] personalidades como Sérgio Arouca, que é uma sumidade quando se fala de saúde, um sanitarista com uma visão ampla da história da saúde no Brasil e da política da saúde no Brasil... Então, quando se ia discutir saúde, tinha um cara assim dando luz. Quando se ia discutir educação, os melhores pensadores desses temas no Brasil estavam ali, junto com você. De repente, numa Comissão, você tinha a Marilena Chauí dando palpite, falando...

Yussef Campos: Florestan Fernandes.

Ailton Krenak: Sim, Florestan Fernandes e outras figuras assim, que são faróis... Contribuíram com as visões de vanguarda, futuristas, que fizeram com que a gente conseguisse pensar leis para o futuro e não para o presente, entendeu? [Porque] se você pensar um conjunto de normas para o presente, o futuro está ferrado. É o que acontece com o meio ambiente. Nós ainda estamos viciados em pensar o meio ambiente como presente, e o meio ambiente não pode ser pensado como presente, ele tem que ser pensado como futuro, e um futuro distante. É por isso que os nossos rios viram esgoto. Se você pensa o meio ambiente no presente, você joga merda no rio, joga o sofá velho no rio, a geladeira velha no rio; todo mundo faz isso. Você chega em qualquer cidade e os rios são esgotos, porque os caras não pensaram no futuro. Se tivessem pensado no futuro, eles saberiam que no século 21 a água vai ser um item raro e no século 22, quem sabe, talvez seja restrita ao uso de uma elite. O resto [do mundo] vai beber esgoto mesmo.

Yussef Campos: Senhor Ailton, o senhor participou da 16ª reunião da Subcomissão de Educação e Cultura e Esportes, no dia 29 de abril de 1987... Dessa Subcomissão, especificamente, destaco o que o senhor afirmou sobre a necessidade de uma política para a identidade indígena, porque até então essa questão estava à margem da política, e afirmou ainda que a cultura é dinâmica, mutável e não pode aceitar imposições. Não seria esse artigo 216 uma imposição, ou pelo contrário, seria um reconhecimento da identidade, como o senhor disse que deveria ser feito?

Ailton Krenak: Na verdade, eu estava clamando no sentido de que nós precisávamos ter alguma coisa, ter no que nos agarrarmos quando aspectos da nossa cultura e da nossa identidade estivessem sendo ameaçados. Na Constituinte, o que nós estávamos fazendo era criar esses instrumentos. A minha percepção desse artigo é que ele inaugura um marco jurídico a partir do qual todo mundo pode refletir se essa identidade está sendo ofendida ou não. Antes, se você fizesse qualquer ato de agressão ou de desrespeito a aspectos dessa identidade e se alguém quisesse reclamar dessa ofensa, não tinha nem a quem reclamar. Não tinha como, porque não tinha proteção. Eu acho que nós começamos a construir instrumentos que nossos filhos e os nossos netos vão saber utilizar melhor do que nós, assim como o cara da Microsoft inventou o computador de mesa, e depois veio o Tablet, o iPad, o iPod, e os nossos filhos e os nossos netos têm que ligar eles pra gente.

Pelo menos é o meu caso, que estou fazendo 60 anos agora [a entrevista foi realizada em 2013], mas os seus netos vão acionar coisas que você nem imagina, usando dispositivos que nem você nem ninguém da sua geração, da geração do seu pai ou da minha pensaram ou até projetaram. E eu tenho a satisfação muito grande de ter ajudado a construir alguns desses dispositivos que vão permitir a nossos filhos e netos viver num mundo mais plural. Eu nem sei se vai ser melhor do que esse em que nós vivemos hoje. Mas certamente vai ser mais plural, vai ter mais janelas, mais rotas de fuga. Porque o que os seres humanos precisam é de rotas de fuga.

Yussef Campos: Nesse mesmo depoimento, o senhor fala inclusive da necessidade de se reconhecer a tradição oral indígena...

Ailton Krenak: Sim. A oralidade. Reconhecer a oralidade como um recurso.

Yussef Campos: E isso entra como um patrimônio imaterial. E, abrindo aspas para o senhor mesmo, o senhor diz o seguinte: "Se a cultura brasileira for capaz de expressar a riqueza, a pluralidade, a diversidade que existe hoje, se for capaz de contemplar isso, poderemos ser uma nação de muito pensamento bom, de onde uma produção de conhecimento muito rico poderá vir a colaborar no conjunto da humanidade, para nos colocarmos [como] pessoas plenas[03]. E, aí, o senhor foi aplaudido pelos presentes. Essa frase do senhor traduz um pouco a nossa conversa, correto?

Ailton Krenak: Sim, e principalmente traduz aquele momento que a gente estava vivendo, porque eu sou produto da tradição. Eu sou produto da oralidade. Tudo o que eu consigo capturar da essência de estar vivo e de experimentar as coisas, eu traduzo nas minhas elaborações, como essa fala aí. E foi uma fala não planejada, totalmente espontânea. Uma característica da tradição oral parece ser esse falar de repente, aquela coisa que sai do espírito; uma conjunção de espírito, mente e arte da fala. É um traço da cultura tão difícil de se capturar, e, ao mesmo, tempo talvez seja o último grande acervo de riqueza que ainda temos por reconhecer e por apreciar no mundo hoje, não só no Brasil e na América do Sul, mas no mundo. Talvez ele esteja exatamente escondido nas franjas das tradições que

---

03 // KRENAK, Ailton. Ata da 16ª Reunião da Subcomissão da Educação, Cultura e Esportes, realizada em 29 de abril de 1987, p. 279; p. 171-172.

ainda não se escrevem, que ainda não têm outros relatos a não ser a oralidade. [Essas tradições estão presentes] na Ásia, entre os inuits no Polo Norte, na África, entre os nômades do deserto, como é que chama aquela região? Magreb, não é isso?

Eu estive na Tunísia para participar do Fórum Social Mundial este ano [2013]. Eu tinha parado de ir em fóruns sociais porque achei que estavam virando uma espécie, assim, de Festa Rave. Os caras iam lá para curtir. Não estava vendo ninguém que ia lá para pensar, refletir, fazer uma fricção de ideias. Mas nesse da Tunísia eu fui e participei de um painel sobre Medicina Tradicional. Lá, encontrei um indígena dos Estados Unidos, um cara interessante do povo Sioux. Ele tocava em questões que eu acho que são contemporâneas e que vão ter tanta importância quanto as coisas que a gente discutiu na Constituinte. Esse cara estava lá na África falando para os árabes e para os africanos que eles precisavam se ligar, prestar atenção nessas multinacionais como Nestlé, da Monsanto, que estão controlando os alimentos, as plantas, os recursos biológicos que estão no fluxo entre as pessoas – enfim, o consumo. Aquela papinha inocente para o neném, tem uma sacanagem lá dentro. O grão que você compra, as coisas que você come, tem uma manipulação nisso aí. As grandes corporações estão controlando isso, estão arrumando sonda para invadir a nossa vida, a nossa intimidade. Daqui a pouco as nossas mulheres estarão todas transgênicas por aí, os nossos filhos estarão transgênicos por aí, porque essas corporações não têm nenhuma ética, nenhuma moral. Aliás, as corporações radicalizam aquela história de que capital não tem pátria. Elas não têm pátria e não têm caráter nenhum.

Yussef Campos: Nessa mesma reunião, o senhor fala ainda da importância da interação da experiência de cultura, e usa um termo "catequese cultural". Sua fala foi mais ou menos assim: "Diferente dessa noção de catequese religiosa, que é imposição, a cultura é diferente, há uma troca. É uma catequese cultural recíproca. A cultura diferente [da minha] se apropria de algumas identidades culturais, e eu me aproprio de outras". Pode falar um pouquinho sobre isso?

Ailton Krenak: Interessante eu ter usado "catequese", porque nessa época, especialmente, eu estava tão radical! Eu tinha uma atitude crítica e radical com relação a tudo o que, e veja como a palavra é carregada de sentido, tivesse relação com o que foi feito aqui na América pelos missionários jesuítas. Catequese era uma ferramenta típica dos jesuítas; foi a arma que usaram, com eficácia, para entrar na América arregaçando. Talvez eu estivesse buscando uma expressão para substituir essa... Talvez o que eu quisesse dizer lá atrás é que a gente precisava fazer uma transformação, [de tal modo que] as diversas e plurais expressões da cultura se comunicassem; que elas pudessem interagir em vez de se sobrepor. Porque a catequese é uma sobreposição de visões. Uma visão dominando, contendo a outra.

Yussef Campos: Quanto à cultura, à memória e à identidade indígena, o senhor acha que algo do que reivindicaram ficou de fora da Constituinte?

Ailton Krenak: Então, eu fico admirado com a elaboração que a gente conseguiu fazer àquela época, e como a gente conseguiu traduzir isso numa síntese tão complexa. Qualquer cara que vá ler esse artigo, mesmo que ele seja contra esses princípios, vai entender o que está sendo proposto. Isso, para mim, foi uma construção inteligente pra caramba, excelente. Não ficou nada de fora.

Eu acho que daqui a 50, 100 anos, se alguém, ao analisar essa construção, for acrescentar alguma coisa, será no território das novas descobertas e não das antigas.

Yussef Campos: E há algo que o senhor queira complementar nessa nossa conversa?

Ailton Krenak: Revisitei [minha participação na Constituinte] nesta entrevista com você, te agradeço pela oportunidade e espero que, quando o seu trabalho estiver mais avançado, eu possa ter acesso a essas notas que você buscou da Constituinte, porque nem eu mesmo tenho. Eu acho elas boas pra caramba, porque me confrontam com temas que eu tive que focar mesmo, com força. E quem sabe eu me animo [a escrever sobre isso], apesar de ainda ter muita dificuldade para transitar da oralidade para a escrita... Prefiro aínda falar, mas quem sabe eu ainda tenha vontade de [dissertar], curtir um pouco mais as visões que essas ideias altamente concentradas me deram àquela época. Obrigado.

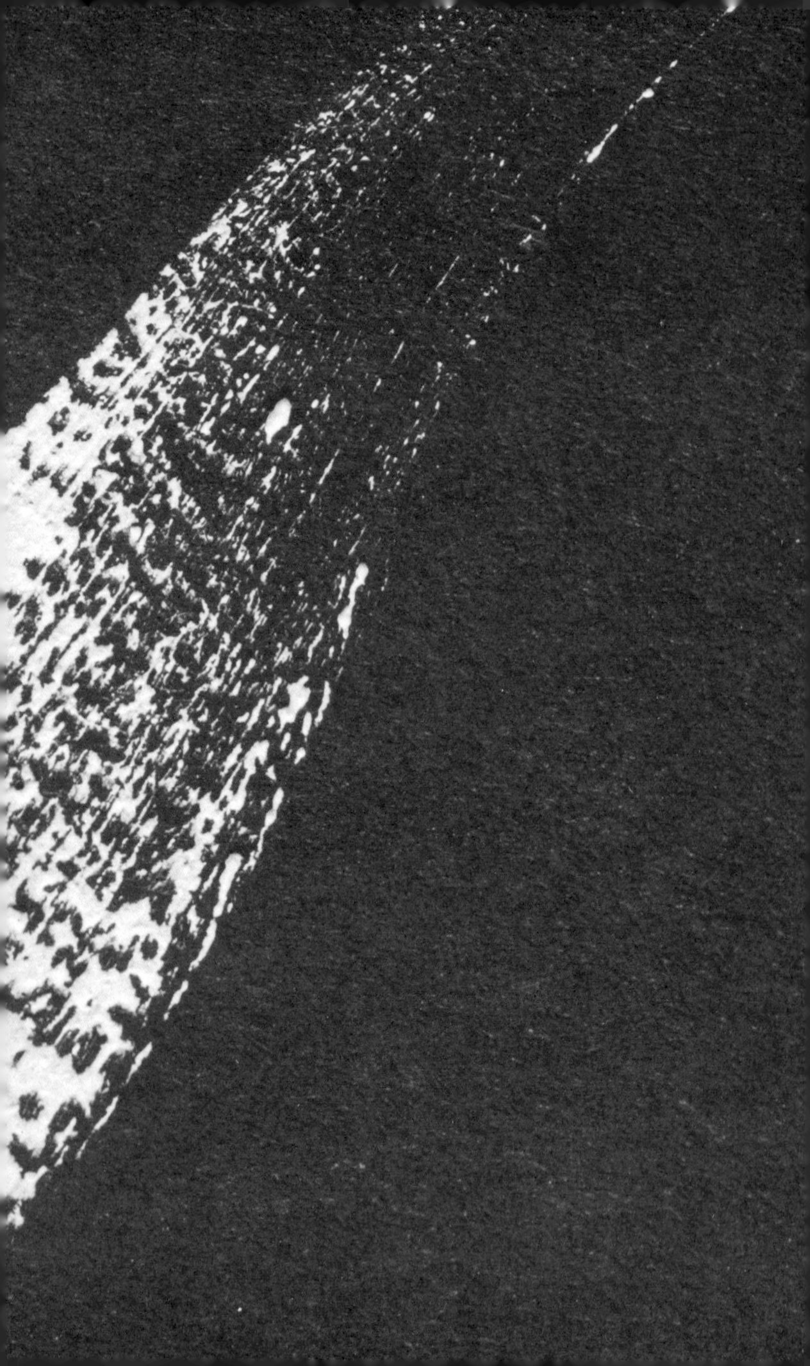

TERRITÓRIOS INDÍGENAS COMO LUGARES DE ORIGEM

PARTE 2

Palestra de Ailton Krenak mediada por Yussef Campos, proferida em outubro de 2019, quando Ailton esteve em Goiânia para abrir o IV Seminário do NEAP e o I Seminário Lugar e Patrimônio intitulado "Patrimônios Marginalizados e a luta pelo território", organizado pela Faculdade de História, do Programa de Pós-Graduação em História e o Museu Antropológico e todos da Universidade Federal de Goiás (UFG), com coordenação geral de Yussef Campos.

No começo da década de 1990, tentando fazer valer o princípio que nós tínhamos estabelecido na Constituição de 1998, convidei uns colegas meus da PUC-Goiás e da UFG para criarmos um centro de pesquisas aqui no estado. Acabou por se chamar Centro de Pesquisa e Formação dos Povos Indígenas e reuniu professores da universidade, que formaram o quadro de docentes daquela experiência. Eles transformaram um espaço, que não era exclusivamente campus da UFG, em lugar de intervenção nos biomas do Cerrado e da Amazônia — com territórios indígenas, que eram os lugares de origem de todos os bolsistas desse programa de formação — que nós conseguimos fazer num convênio com a universidade e com algumas outras instituições. Naquela época, a gente conseguiu envolver também a Embrapa, o Fundo Nacional do Meio Ambiente, a Secretaria de Meio Ambiente e a Escola Superior de Agricultura Luiz de Queiroz, a ESALQ, lá de Piracicaba.

E o nosso querido e saudoso... aquele professor... não, não é Osis não, foi o nosso engajado orientador para a gente trabalhar com as frutas do cerrado e com a restauração de floresta da Amazônia. E... eu vou me lembrar o nome dele... não, ele foi diretor durante muito tempo daquele programa de florestas lá da ESALQ, depois foi para o Ministério do Meio Ambiente. Mais tarde, na época em que a Marina já era ministra, ele foi diretor de biodiversidade e... a gente vai lembrar o nome dele... [Krenak se refere a João Paulo Capobianco].

De qualquer maneira, eu só queria fazer um pouco de sala enquanto o pessoal que está lá no corredor vai chegando, vai caber todo mundo aqui dentro.

O propósito do nosso encontro é falar sobre patrimônio e memória, essas duas grandes balizas que têm demarcado, de certa maneira, o debate entre os povos originários, entre as comunidades tradicionais e o sistema de controle que o Estado usa para administrar as relações com os nossos territórios e com o nosso modo de estar no nosso território.

Se temos uma oportunidade de refletir dentro do campo da memória e do patrimônio cultural, seria interessante observar como, ao longo dos últimos 40 anos, o Estado Nacional tratou ou evoluiu no trato com essas questões relativas aos povos não integrados no sistema da propriedade privada. [E também refletir sobre] a apropriação do conhecimento e da produção intelectual de quem não está dentro do mercado [convencional].

Vejo aqui uma oportunidade de trazer algum exemplo da aplicação daqueles princípios que nós batalhamos para incluir na nossa Constituição e que resultaram depois em regulações, aplicadas pelas agências do Estado, sobre nossos territórios e nossos modos de vida e de produção. Principalmente de produção daquilo que nós passamos a relacionar como patrimônio imaterial.

Quando nós deixamos de abordar só aquilo que o Yussef e os colegas dele chamam de "pedra e cal" [patrimônio material edificado], paramos de nos preocupar com aquilo que foi construído pelas mãos dos trabalhadores, que foi o patrimônio que demarcou esse campo de interesse até os anos 1960, 70. Só depois das décadas de 1970 e 80 é que se atinou que existe um vasto campo de criação que é muito importante e talvez, a cada passagem de tempo, se constitui no que poderia mais estar em disputa. Eu me refiro àquilo que é produzido pelo campo da cultura e pelo espaço das nossas subjetividades.

Independentemente de a gente demarcar a especificidade do que é produzido por povos originários, por uma etnia ou por uma dessas comunidades que foram relacionadas como povos tradicionais; independentemente do lugar de produção, todas têm em comum o fato de estarem sempre num fluxo constante de criação, de invenção. E o lugar dessa criação e invenção é a nossa subjetividade.

A nossa subjetividade não é um lugar de produção que o sistema capitalista demarca e a partir do qual opera. O Estado tem muita facilidade de controle sobre os acervos materiais da cultura. É capaz de fazer a identificação e a classificação desse patrimônio, exatamente por seu caráter material, pela possibilidade de apropriar-se dele e de transformá-lo em mercadoria.

Durante muito tempo, a ideia de patrimônio se confundiu com a ideia da mercadoria. Uma ponte construída no século 19, uma torre construída no século 17, 18 são elementos que têm uma materialidade, uma existência tão óbvia que são facilmente percebidos como um patrimônio e como algo que pode ser objeto de disputa. Isso resulta na produção de regulação de meios, de dizer quem pode mexer naquilo e quem não pode.

A própria restauração desses bens é regulada. É para isso que existe o IPHAN, por exemplo. O IPHAN existe muito mais para fazer regulação do que para atuar no campo de conservação, preservação e mesmo restauração. Então, é como se fosse uma polícia. É isso que o IPHAN, na verdade, acaba sendo: a polícia patrimonialista ou patrimonial que, a partir de um certo momento, se torna uma espécie de banco de dados sobre patrimônio material.

Foi assim até a década de 1970. Da década de 1980 para cá, principalmente com a implementação do capítulo da Constituição de 1988, o artigo 216, que inaugura essa conceituação de patrimônio imaterial e avança na ideia da imaterialidade de alguns campos da criação e da produção cultural, é que a coisa fica mais fluida. Algumas outras ideias e produções passam a se integrar também ao sistema de identificação, regulação e registro que compõe esse complexo patrimônio - material - patrimônio - imaterial. E como uma fronteira quase invisível daquilo que a gente podia chamar de memória.

A implicação da ideia de que a memória pode estar presente em objetos, como este vaso ou este paninho sobre a mesa [é clara]. Alguém, ou alguma cultura, pode decidir, por exemplo, que [esses objetos] constituem uma memória de algum evento, de modo que, a partir desse momento, eles passam a ser protegidos. Não estou querendo fazer provocação não, tá, gente? Mas existem objetos muito próximos destes aqui que são guardados a sete chaves, pela subjetividade que representam, não pela materialidade.

Vocês já ouviram falar no Santo Sudário? Alguém já pegou nele? Nem vai pegar. Então, ele é o quê? Ele é um patrimônio material ou imaterial da cultura do Ocidente? Hum? Está vendo como o negócio é uma fronteira quase invisível? Ele não era, mas ele virou. Antes era só um pano para enxugar suor.

Nos debates de que nós participamos nos últimos 20 anos, e mesmo com o Yussef e com os colegas dele, a gente vem produzindo uma crítica e uma análise sobre o caminho que esse tipo de regulação acaba produzindo. [Vemos objetos que têm] um estatuto material e passam também a carregar um sentido subjetivo que dá a eles o sentido de imaterial.

Para os povos indígenas, em algum momento a partir da década de 1990, [o conceito de patrimônio imaterial] significou a possibilidade de ampliar o campo da proteção a alguns territórios e à vida das pessoas a partir do inventário das suas subjetividades, das suas narrativas, da pintura do corpo, dos adornos, dos utensílios. Aquele conjunto de objetos deixa de ser só artefato que o museu pode pegar e guardar em algum lugar na vitrine e passa a ter [um] sentido para os seus detentores, para os seus produtores. Esse sentido reivindica um outro lugar.

Um objeto não pode simplesmente ser apanhado numa aldeia, levado para um museu e ganhar uma etiqueta: "artefato não sei o que", machadinha de pedra, cocar. Esse tipo de apropriação seria um roubo. Sempre foi um roubo, mas, a partir de um período muito recente, passou a ser denunciado como roubo. É claro que o manto tupinambá foi roubado e levado à Europa [onde está exposto]. Mas ninguém dizia isso antes.

Li uma matéria recente dizendo que o manto tupinambá foi restaurado. Uma restauração que custou milhões. E o programa que promoveu, em parceria com a Unesco, a restauração desse manto tupinambá explicou que a iniciativa estava acontecendo no âmbito da repatriação dos objetos que foram levados das Américas e de outros continentes para a Europa, no contexto colonial, quando era justificável essa apropriação. Mas agora é insustentável, porque você está retirando [algo] do universo constitutivo de uma identidade e de uma cosmovisão, de uma constituição de mundo de um povo. Estamos falando de uma violência que, integrada com outras práticas coloniais, representa também um crime de genocídio ou de etnocídio.

Atacar a cultura e a subjetividade de um desses povos é etnocídio. Ele pode não matar as pessoas fisicamente, mas esvazia o sentido da vida das pessoas por retirar delas o significado da criação dessa cultura e de seus valores intrínsecos, próprios daquela comunidade, e que sustenta a sua perspectiva de mundo. Quando alguém tira aquilo dali está desmontando a arquitetura daquele mundo.

Eu acho que é interessante dar um exemplo, além do manto tupinambá, para vocês. Uma ocorrência recente. Vai completar quatro anos que um rio, uma bacia hidrográfica do Brasil, foi cauterizado pela lama química da mineração que, os jornais diziam, matou o Rio Doce. A lama da mineração matou o Rio Doce.

Eu pertenço a uma família, Krenak, que vive na margem esquerda daquele rio. No mapa é o Rio Doce, mas na nossa subjetividade ele é o nosso avô. E o nome dele é "Watu". Nós cantamos para o "Watu", nós enfiamos nossas crianças dentro dele para vacinar as crianças. Conversamos com ele, sonhamos com ele e ele nos manda sonhos de presente.

Isso nos mantém com alguma sanidade; possibilita que a gente constitua uma comunidade que tem uma perspectiva comum de viver num lugar e de valorizar os diferentes atributos que esse lugar tem. A montanha que está do outro lado do rio, o corpo do rio, o som dele, a voz dele.

Quando a lama passou devastando a calha do rio inteiro numa extensão de 600 quilômetros, e acho que todos vocês tiveram notícia disso, então eu não vou ficar apavorando vocês com os detalhes desse crime, a nossa vida foi abalada. Ficamos reféns do corpo do rio em estado de coma. Os brancos dizendo que o rio está morto, e nós dizemos que o rio está em coma.

Se o seu avô estiver morto é uma coisa, mas se estiver em coma é diferente. Alguém em coma pode viver de novo, alguém morto acabou.

Em algum momento, para as mineradoras, era bom dizer que o rio morreu. "Sinto muito, o rio morreu", eles choram e tal. Quando nós começamos a dizer: "Oh Watu Mirare re", [ou seja,] o "Watu" está vivo, o "Watu" está em coma e nós vamos ficar velando "Watu" até ele voltar. Olhem o campo da subjetividade, vejam como que ele tem potência. Não é sem razão que o território da subjetividade também é disputado.

O Rio não é só uma matéria para os especialistas estudarem e produzirem. Ele é um lugar onde as pessoas, especialmente aquelas que se constituem como sujeitos coletivos, e não indivíduos... Essa potência [é forte] para aquelas pessoas que vivem uma experiência de sujeito coletivo, mas diminui muito quando é apreciada na perspectiva do sujeito singular, da pessoa que quer ser dono dessa taça, dono dessa mesa, desse prédio. Isso é patrimônio imaterial; o rio não.

Se nós pudéssemos relacionar aquela entidade com alguma coisa, seria com a memória. Menos com o patrimônio e muito com a memória. Apesar de memória e patrimônio parecerem indissociáveis, ou quase difíceis de demarcar, no exercício da vida, no exercício vivo, você aprende a diferença entre memória e patrimônio.

Para os povos indígenas, para os quilombolas, para os povos de matriz africana que numa sociedade individualista, capitalista, disputam um lugar para continuar reproduzindo a sua subjetividade, é fundamental esse exercício de reconhecer os diferentes campos de luta e de disputa a partir dos lugares onde nossas comunidades vivem.

Hoje, nós que estamos aqui reunidos somos uma comunidade temporária. Estamos todos aqui, no mesmo filme, querendo alcançar uma mesma perspectiva sobre esse assunto. Mas há uma diferença fundamental entre constituir uma comunidade temporária como essa [e a experiência do sujeito coletivo]. Na hora em que sairmos por aquela porta ali, pela falta da experiência de integrar um coletivo *de fato*, nossa comunidade termina e cada um vai cuidar da sua vida.

Cada um vai cuidar da sua vida.

Desde quando vocês acham que as pessoas vivem essa experiência de cada um cuidar da própria vida? Vocês acham que sempre foi assim? Só os índios e os negros é que têm memória de viver e instituir sujeitos coletivos? Os descendentes de italianos, de alemães, de portugueses, eles não se lembram? Não sabem como eram? Sempre foram esses sujeitos instituídos pela modernidade, que passaram pela experiência temporária de constituir cidadania e, rapidinho, viraram consumidores? Que estão virando todos clientes?

O José Mujica [presidente do Uruguai entre 2010 e 2015] diz que não existe mais cidadania; o que existe agora são consumidores. Os Estados, com suas políticas, os governos e o mercado devem produzir clientes, consumidores, e não cidadãos. Cidadão é uma experiência temporária, que interessou ao desenvolvimento global por um tempo [com o objetivo de] estimular a ideia de Estados e de cidadãos interagindo com o aparato estatal e produzindo isso que muitos de nós aprendemos a chamar de políticas públicas.

Políticas públicas não acontecem só nas experiências de Estado democrático. Acontecem dentro de qualquer aparelho, porque é exatamente por meio delas que o Estado controla a gente. Política pública não é só para assistir: é para controlar, e a política patrimonial é para apropriar-se de tudo o que nós produzimos e controlar. Controlar, inclusive, nosso acesso a esse patrimônio.

A partir do momento em que o patrimônio cultural é demarcado, ele vira uma coisa controlada. E o nosso acesso a ele vai ter que ser negociado. E vai ser negociado como consumidor, inclusive daquilo que nós mesmos produzimos. Quanto mais materialidade um bem constitui, mais ele é disputado pelo mercado para virar mercadoria. Quanto mais complexa vai ficando uma comunidade, uma sociedade, mais o Estado inventa mecanismos de controle e de classificação das nossas experiências de vida.

Se estamos cada vez mais nos transformando em clientes e consumidores, e cada vez menos em cidadãos, seria muito importante incluir num debate sobre patrimônio material e imaterial a experiência da produção cultural. Me refiro à experiência da produção cultural não só no sentido das expressões que a gente lista como produção cultural, mas ampliando isso também para o campo daquilo que nós consideramos que é a subjetividade. A maior violência a que nós estamos sendo submetidos não vem do campo material, e sim do campo imaterial.

Hoje somos assolados por um monte de religiões que querem controlar o nosso cotidiano e as nossas escolhas, julgando a gente como se a gente estivesse no tempo da Inquisição. Isso é subjetividade, não é religião. Isso é política de controle.

As pessoas não podem ficar tão indiferentes a ponto de aceitar qualquer comando moral ou ético ditado por um princípio fundamentalista que exclui a nossa subjetividade. [Não podemos ficar reféns de quem] tem a coragem de policiar as nossas ideias, a cara de pau de dizer que espetáculo pode acontecer, que música pode veicular, que história pode ser contada e, mais vergonhosamente ainda, que aula pode ser ministrada.

Nem vou entrar nessa seara, mas vou aproveitar essa oportunidade excelente para avançar mais pelo campo desse gradiente que interessou ao meu amigo Yussef a ponto de ele produzir a literatura mais consistente que dava conta da transição daquele patrimônio de "pedra e cal". Em sua obra, ele se referia ao tombamento de casas e de igrejas em Ouro Preto, Mariana, Salvador; o barroco, enfim, sobre práticas, tombamentos; subsidiadas pela política do Estado, como se oferecesse um manual para que as agências do governo implementassem políticas sobre nós. Que é uma espécie assim de predisposição à servidão voluntária. Nós estamos sempre dando a receita para alguém podar a gente.

O campo da produção intelectual é próspero em produzir subsídios para depois o aparato do Estado se apropriar deles e transformá-los em controle sobre as nossas experiências de vida. [Pensemos em] alguém que produz novos conhecimentos sobre um aspecto da nossa vida, um antropólogo, por exemplo. Quando o antropólogo vai investigar um povo e a cultura desse povo, é claro que ele não está pensando em produzir um manual de controle da vida daquela gente, ele está cheio de boas intenções. Mas se você pegar a maior parte dessa produção, você vai ver que ela significa um guia de controle.

É por isso que muitas comunidades não falam sobre si para pesquisador, antropólogo, historiador nem psicólogo. O pensamento é: "Esses caras vêm aqui para conhecer nossos segredos e transformar isso depois em receita de controle e de invasão da nossa subjetividade para um mundo que é contra a nossa maneira de viver e que está todo equipado para extrair da nossa existência as mercadorias que o mercado deles quer consumir".

Tem uma lista grande de serviços que as universidades, as escolas técnicas e os programas de formação produzem que, [à primeira vista,] pareciam ser do interesse social. Passadas uma década ou duas, vejam onde foi parar aquilo. A razão disso, gente, para a história não ficar só meio contada, é que o Estado colonial nunca vai fazer nada no interesse comum.

O Estado colonial tem uma matriz dominada pelo mercado. Desde os tempos em que vinham aqui retirar pau-brasil até hoje, quando tomam terra para plantar soja transgênica, a matriz é a mesma, é colonial. Não tem nenhuma modernidade nisso, é uma ação colonial. E, quando uma comunidade resiste a isso, ela sofre as penas de não estar integrada. E é por isso que mesmo governos "bonzinhos" promovem políticas de integração. É por isso que existem programas de cota; é por isso que temos uma série de ações que parece que querem promover a nossa inclusão.

Se a gente fosse imaginar um programa de longa duração, está claro que o programa de longa duração do capitalismo é nos integrar a todos como clientes e apagar a nossa memória de cidadania. Um dia alguém vai escrever um conto dizendo: "Era uma vez um mundo onde havia cidadãos e as pessoas tinham ideias, debatiam ideias e criavam mudanças no campo da vida social, da produção cultural, das escolhas econômicas, de tudo."

"Era uma vez", porque a tendência corrente é que a gente se transforme, todo mundo, sem exceção nenhuma, nem de indígenas, nem de africanos, nem de ninguém, em clientes. Se possível, com um único registro. Esse monte de registros que diferenciam gênero, raça, classe social, étnica, [vão] acabar com isso tudo e fazer um só. Esse é o caminho.

Então, a produção que nós temos hoje sobre memória, patrimônio, seja ele material ou imaterial, é uma avançada produção de conhecimento sobre o controle da nossa produção material e imaterial no campo da cultura e uma violência contra as nossas subjetividades. Eu observo todo o aparato que recobre isso como uma espécie de céu sobre as nossas cabeças expressando o modelo econômico que governa o mundo hoje.

Qual é o modelo que governa o planeta hoje, gente? [Ouve-se uma cacofonia de vozes na plateia.] Ué, tem mais de um? É, um. Não sobrou nenhum lugar da Terra [em] que o capitalismo não determina a hora do amanhecer e que hora em que acaba o dia. Nem na China; em lugar nenhum. Essa experiência de uma única dinâmica da economia recobrir toda a produção material e imaterial dos povos não é um fenômeno regional, não é aqui no Brasil e nem na América Latina. É do mundo.

Eu costumo dizer que o capitalismo deu metástase. Tinha um nódulo em algum lugar, depois apareceu outro, mais um e por fim deu metástase. Agora teremos que lutar contra essa crescente necrose que o capitalismo representa e que está invadindo as nossas subjetividades a ponto de afetar toda a criação intelectual do mundo.

Parece que só tem uma cultura no mundo, é a cultura ocidental. Quem não estiver dentro desse cânone da cultura do Ocidente é marginal. Nem os pigmeus, de alguma remota região da África, têm chance de fugir disso. Se vocês tiverem interesse, procurem ver um filminho que se chama *Os deuses devem estar loucos*.

Esse filme é muito bom. Ele se passa exatamente no meio de uma tribo, um povo que seria chamado de pigmeu, mas que são os bosquímanos, na região do Kalahari. Um dia, um objeto industrializado cai naquele mundo e o transforma num inferno. Acaba com toda a magia de existência daquele povo, e a vida deles passa a ser conduzida por um objeto produzido nessa monocultura da mercadoria.

O meu amigo Davi Kopenawa Yanomami, que difundiu suas ideias no livro *A queda do céu*, diz literalmente que o Ocidente é a civilização da mercadoria. Essa observação tem muita relevância porque parte de alguém que está fora do Ocidente, um xamã yanomami que tem, digamos, uma licença para olhar a cultura do Ocidente e falar sobre ela sem tomar partido. Porque, vejam, ele podia achar a cultura ocidental incrível, interessante e capaz de cumprir todas as promessas que o Ocidente fez, de construir um mundo possível e habitável por toda a humanidade.

Isso foi um conto do vigário, porque 70% da população do planeta não tem acesso a nada. É excluída, mesmo: vive nas bordas do planeta sendo bombardeada em campos de refugiados e comendo as migalhas do mundo desenvolvido, digamos assim. E eles não têm nenhuma chance de participar desse clube da civilização ocidental, porque é um clube que tem limites. E o limite é indicado pelo fato real de que, a cada mês de junho ou agosto, [os membros desse clube] já consumiram um planeta Terra.

Esses dados são divulgados pelo Painel do Clima. Vocês conhecem. Eles mostram que, quando entramos em maio, junho, em alguns casos julho, a Terra já deu todo o seu estoque de energia e de suprimento para essa humanidade vasta e estamos, por assim dizer, comendo o ano que vem. Seria, mais ou menos, como alguém que recebe salário no dia 30, mas lá pelo dia 15 acabou o dinheiro e ele começa a pendurar dívidas para a semana que vem, o mês que vem. Quando a gente dá um exemplo doméstico desses, as pessoas entendem melhor, porque é uma experiência vivida.

Nós estamos fazendo isso com organismos vindos da Terra. Estamos depredando o planeta com uma matriz cultural que só tem uma economia, que é a monocultura, e essa praga da monocultura está se espalhando por todo o planeta. O cerrado inteiro está sendo devorado pela monocultura. E, como se a monocultura não fosse [ruim o] suficiente, eles ainda metem veneno em cima, porque é óbvio que um organismo mono não vai conseguir sobreviver na biodiversidade. Aí eles consideram que tudo o que ataca aquele organismo transgênico é uma praga. Uma abelha é uma praga, um marimbondo é uma praga. De repente um sanhaço é uma praga, um bem-te-vi é uma praga. Então matam o bem-te-vi, o sanhaço, a abelha, a formiga.

Tem um filminho que foi veiculado mundo afora chamado *Para onde foram as andorinhas?*. Ele foi feito dentro do Parque do Xingu, dentro da terra indígena, e mostra que houve uma mudança tão grande no ciclo de reprodução da natureza que algumas espécies já desapareceram e outras se transformaram. A banana, por exemplo, antes de ficar [madura] de vez, fica preta.

Não sei se algum de vocês já viu um bananal ficando todo preto. É um evento que está acontecendo com os cultivos de banana, mas também com os pés de caju nativo. O caju nativo morre antes de florar. É [por causa do] uso dos defensivos químicos, que tem gente que tem coragem de chamar de fitossanitário. Fitossanitário!

Como vamos chamar de fitossanitário um veneno que mata uma árvore até a raiz, que faz as abelhas irem embora? Vocês podem achar: "Bom, o Ailton foi convidado para falar sobre memória e patrimônio cultural e ele aproveita para fazer uma crítica devastadora contra a produção agrícola". Eu digo: teve uma época em que o Chico Buarque não podia escrever muitas coisas e ele escreveu um livro chamado *Fazenda modelo*. É uma boa leitura para esse tempo nosso. Nós estamos nos transformando numa fazenda modelo.

Vamos despertar disso. Ao invés de a gente ficar criando novos argumentos para tombar patrimônio e para delimitar campos de produção material e imaterial, nós deveríamos pensar sobre a nossa vida, nossa vida íntegra. Porque se nós não estivermos vivos e com integridade não vamos produzir subjetividade nenhuma, e o eventual patrimônio imaterial que a gente inventar, que a gente vier a criar, imaginar e imaginar, ele vai virar mercadoria. E nós seremos reduzidos àquilo que já foi enunciado aqui: não mais cidadãos, mas uma legião de consumidores e de clientes.

O cliente é a coisa mais flexível e maleável que existe. É muito melhor você fazer política para cliente do que negociar políticas com cidadãos. Cliente é cliente, né, gente? Então, eu agradeço muito essa oportunidade de falar com vocês.

Lembro que esse convite partiu de Yussef, que em 2012 fez uma longa entrevista comigo em torno do artigo 216 da nossa Constituição. Yussef tinha os arquivos do Congresso sobre o debate e me entrevistou acerca dos diferentes campos de disputa que estavam instalados na Assembleia Nacional Constituinte para produzir o texto que temos hoje na nossa Constituição.

Como estamos vivendo um breve período de negacionismo, tem gente que diz que a Constituição não vale nada, que acha que deveria inclusive ir para o lixo. Tem gente que, num discurso esquizofrênico, diz que vai respeitar a Constituinte ou a Constituição. Tomara que isso passe logo e que a gente recupere alguma sanidade. Não usando fitossanitários, mas alguma sanidade. Muito obrigado vocês.

Após encerrada sua fala, Ailton Krenak se colocou à disposição para responder perguntas da plateia. Não foi possível encontrar os autores das perguntas para obter a autorização deles para publicá-las, mas consideramos valioso publicar as respostas de Krenak, que se sustentam mesmo sem as questões que as desencadearam e contribuem para clarear seus pontos de vista.

Já temos três questões relacionadas a essa capacidade de cooptação que o mundo da mercadoria e do consumo representa para todos nós, a ponto de atrair algumas comunidades, mesmo tendo tido a possibilidade de constituir uma identidade coletiva, para esse lugar da sociedade de consumo. [Essa atração vale até mesmo] para aqueles que vivenciaram, historicamente desde sempre, suas experiências criativas sem se imaginar produtor cultural. Em todos esses casos, o que está acontecendo é uma resposta a um chamado amplo e exterior a esses lugares onde cada um desses povos vive para se incluir no mundo da produção.

Todos aparecemos no mundo no século 20, ou depois, exatamente como produtos da Revolução Industrial. Não faz mal conhecer a história. A Revolução

Industrial alavancou a Idade Moderna e botou todo mundo numa espécie de roteiro para acreditar que a história tem mote próprio, tem um movimento próprio. Além de ser uma linha reta, como uma flecha, ela também tem dinâmica própria.

Vocês já escutaram isso. Todo mundo aqui já ouviu essa ideia, esse conceito de que a história tem sua própria linearidade, que ela é prospectiva, que ela anda sempre na direção de mais alguma coisa. Ora, se somos o tempo inteiro influenciados por essa ideia de uma história que se dá por si mesma, o que estamos fazendo aqui? Nós somos amebas? No caso, amebas gigantes?

E eu não vou fazer nenhuma crítica aqui àquelas ideias marxistas porque o mote do pensamento marxista é exatamente que "a história é um carro alegre, cheio de gente contente, que arrasta indiferente todo aquele que a nega"[04]. Vocês já escutaram essa canção? Acho que o Milton [Nascimento] e o Chico [Buarque] cantando Pablo Milanés. Então, essa é a popularização de uma ideia que está na literatura produzida ao longo de todo o século 20: de que a história tem uma dinâmica própria e nós só estamos aqui seguindo o roteiro.

---

04 // Referência à música intitulada *Cancion por la unidad de Latinoamérica*.

Até parece uma religião. Tem gente que acha que estamos passando aqui para ir para o céu ou para o inferno, e outros acham que a gente está indo para dentro da história. Então, pelo menos, é uma terceira via, né? Uns que vão para o inferno, outros para o céu e tem uns que vão ficar dentro da história. Uma espécie de metrô. Estão vendo como é fácil criar uma narrativa, botar todo mundo dentro de um turbo e sair levando?

Isso que eu chamei de cânone ocidental é sustentado pela produção intelectual, pelo que consideramos que é a cultura, a arte. Tudo isso funciona como aparato de sustentação de uma narrativa para nos incapacitar de imaginar e criar outros mundos, achando que nesse mundo tão abrangente cabe todo mundo. É meio "conto do vigário", isso sim. Essa narrativa é tão potente que nela cabe todo mundo e quem ainda não está dentro vai entrar, mesmo que ela já esteja prestes a falir tudo.

Quando eu reuni os três textos no livrinho *Ideias para adiar o fim do mundo*, cada um deles põe em questão esse paradigma do Ocidente que afirma que nós somos uma humanidade. Da mesma maneira que seria um equívoco afirmar que a história existe por si mesma e nós só vamos seguindo. Seria uma mentira grave dizer que a humanidade é um evento que acontece só porque a gente quer, só porque a gente acha que existe, mesmo que mais da metade de todos os seres humanos fique do lado de fora.

Quem está dentro do clube fala que está tudo bem. Os que estão fora não dizem nada, eles não têm microfone, estão desligados. Então, assim, é uma radical exclusão das outras perspectivas de existência, privilegiando uma só, que eu chamo de monocultura.

Monocultura não se refere apenas à nossa forma de produção; monocultura é também aquilo que se reflete na nossa maneira de estar no mundo e de pensar o mundo. Por isso que tem sentido reclamar a possibilidade de outros mundos. Reclamar outros mundos é se insubordinar contra a lógica monolítica de um mundo só.

[Me perguntam] sobre a arqueologia, sobre o incômodo, a invasão que pode significar uma pesquisa arqueológica, uma decisão de sondar um lugar, de buscar algum objeto que teve existência e sentido numa determinada cultura há 100 anos, 500 anos; pode ser um objeto marajoara ou outro de qualquer outro lugar do mundo. Eu acho que [o exercício da arqueologia] deve ser o resultado de um acordo entre os guardiões daquela memória e o sujeito que está com a picareta na mão. Geralmente, para fazer buraco precisa de uma picareta ou de alguma outra coisa, sei lá, de uma furadeira.

Precisa haver um entendimento entre esse sujeito que anda especulando sobre o mundo e quem cuida daquelas coisas que estão ali. Se eles tiverem um entendimento sobre isso, qual é o problema? Não deveria existir nenhuma lei sagrada que fala "é proibido mexer lá e tirar aquela coisa daquele lugar", porque daí já vira religião mesmo. E nós estamos num lugar aqui que tem a pretensão de fazer ciência, né? Então sejamos coerentes.

Eu mencionei, no começo da nossa conversa, que por um momento nós aqui constituímos uma comunidade temporária. O que constitui a experiência de comunidade é menos a sua base, digamos, territorial e o trânsito entre os lugares e muito mais a cumplicidade de propósitos que nos reúne. É por isso que nós podemos, durante algumas horas, estar aqui nessa experiência de uma comunidade temporária. Isso não significa que sejamos todos iguais. Somos uma comunidade temporária na qual as diferenças de cada um, seja da língua, seja de ter uma compreensão sobre o que é cultura e sobre o que é natureza, são mais fluidas.

Se a gente fosse levar para uma experiência radical, para além disso, seria considerar a possibilidade de que nós convivêssemos e coexistíssemos nesse território que a gente chama de Brasil sem o nosso povo se sentir ameaçado o tempo inteiro com uma invasão do lado de fora sobre o nosso mundo. Por que o povo indígena tem que brigar e lutar com o Estado para o Estado brasileiro demarcar um lugar para a gente, em vez de pensar uma possibilidade de convivência entre nós, na qual as nossas formas de existência pudessem influenciar também os não indígenas?

A quem interessa a segregação dos quilombolas, dos povos indígenas e de outros? Não são só indígenas e quilombolas, gente. Modo de vida não é o étnico, não é o campo das etnias que demarca; está relacionado também com modos de vida que foram, de alguma maneira, persistentes no tempo, que não foram incluídos, que não foram capturados pelo mercado, que não foram transformados em sujeitos interessados só em comprar, vender e em radicalizar cada vez mais essa experiência individualista.

Teve gente que não quis e, como estamos num continente que ainda tem diferentes ecossistemas, vivemos uma experiência vasta de diversidade, diversidade biológica mesmo, e também de diversidade cultural, algo que muitos outros povos não têm. França ou a Alemanha não podem cogitar outras experiências subjetivas; não tem espaço geográfico para eles se deslocarem e criarem novas comunidades.

Nós ainda temos esse vasto território que compartilhamos de uma maneira precária, porque os povos indígenas e outros povos que têm modo próprio de existência são o tempo inteiro hostilizados, atacados e invisibilizados. Invisibilizados significa: "Ninguém fala nada deles, na verdade eles nem existem", que é tão danoso quanto fazer uma agressão ao nosso território, botar fogo, invadir, sentar veneno nas cabeceiras dos rios. Esse modo de operar o sistema vasto da nossa sociedade aposta que segregar e excluir é uma boa ideia.

Ora, quem fez isso no passado fez um mau negócio. Os povos que excluíram e segregaram se tornaram menos diversos. Mas não vou estender a provocação para além disso, mas eles se tornaram medíocres. Se todo mundo aqui quiser ser medíocre, vamos nessa! Vamos segregar, discriminar, sacanear uns aos outros que um dia alcançaremos esse ideal de mediocridade. Vamos ser tão medíocres até não ter mais diversidade cultural, nem biológica, nem nada, nem na nossa agricultura, nem na nossa forma de coexistir, de conviver uns com os outros.

Ao longo de décadas, tivemos uma política insistente que consistia em abordar um determinado contexto da nossa diversidade cultural, identificar uma atividade interna naquela comunidade e começar a chamar aquela prática de "produção". A ponto de o Sebrae [Serviço de Apoio às Micro e Pequenas Empresas] e outros tantos programas de inclusão mandarem para a comunidade gente que vai lá potencializar aquelas habilidades e transformá-las em mercadoria.

É a ideia mesmo de que no campo da subjetividade, no campo da criação do que não é material, existe uma vasta seara para ser explorada e transformada em mercadoria. E pessoas que viviam a experiência do prazer de fazer a sua própria existência viraram produtores de alguma coisa. Quem antes desenhava, pintava, cantava, fazia balaio, fazia canoa, daqui a pouco vira produtor. Vai ter um selo, vai ganhar um carimbo, um registro.

Esse modo de trazer [uma comunidade] para dentro do regime do mercado e do que a gente poderia chamar de inclusão social é o máximo da violência contra a nossa diferença. [Rompe com] a possibilidade de a diferença continuar sendo um bem a ser apreciado e compartilhado, pois transforma isso numa produção, num mercado. A ferramenta do mercado é a produção. O mercado só existe porque existe, entre aquele lugar do consumo e o lugar da origem, uma atividade que se reproduz. Esse fluxo só existe quando há integração com o mercado.

Há uns 30 anos, uma dessas grandes redes de supermercado me procurou querendo que eu indicasse qual povo indígena que poderia produzir 10 mil balainhos para eles. Eu respondi: "Nenhum". Aí ele falou: "Mas por quê?" Eu falei: "Porque nós não somos idiotas". Só um idiota pode produzir dez mil balainhos iguais, nunca vai ter dois balainhos iguais.

Aí me disseram: "Mas que absurdo, o que é que custa os índios fazerem 10 mil balainhos iguais?". E eu expliquei: "Olha, ele tem 10 mil outras coisas interessantes para fazer. Ele termina um balainho e vai fazer outras coisas. Os brancos é que são capazes de ficar fazendo 10 mil objetos iguais." E ainda ficam felizes, pensando: "Nossa, tudo igual, que bonito".

Não é para sacanear não, mas é muita burrice, né? Isso é monocultura, gente. E a rede de supermercados falou: "Bom, já que a gente não encontra uma tribo que faça 10 mil balainhos, será que a gente consegue achar várias? E aí uma faz 100, outra faz 20, outra faz 50, outra faz 30..." Eu fiz só uma pergunta: "Para quê?". E a pessoa me respondeu: "Para a rede de supermercados!".

"Que importância tem uma rede de supermercados para essas pessoas?", eu falei.

Quando um índio faz um balainho, é porque o balainho tem uma importância, está dentro de algum campo de significado, já que nós estamos falando de patrimônio imaterial. Entre a operação de pensar e fazer tem um campo, que é o campo da subjetividade. É o campo em que o artista ou criador pensa e faz.

Olha, enquanto um povo ainda tem a sua potência, a sua memória, tudo o que sai daquele lugar é arte, tudo. Um remo é arte, a canoa é arte, um balaio é arte, um boneco, uma boneca é arte. Se produzir mil iguais, aí não tem sentido chamar aquele objeto de arte. Aquilo é uma série e me parece que há 100 anos não havia nenhuma cultura no mundo capaz de atender à encomenda de produzir 10 mil objetos iguais. Foi o evento da industrialização que inventou o negócio de 10 mil iguais. E isso tem um nome, e vocês que são curiosos já conhecem. O nome dessa coisa é fordismo.

Voz da plateia — Romero Britto.

Ailton Krenak — Não é isso? Outro tipo [risadas]. Então, que ótimo esse encontro nosso, ele me deu a oportunidade de expandir algumas observações que só fizeram sentido expandir porque vocês estão aqui me provocando, me inspirando.

Quando eu falo numa universidade onde eu sei que tem jovens de várias regiões do nosso país, nessa experiência recente de indígenas na academia, sinto uma fricção entre o modo de pensar desses jovens, desses homens e mulheres indígenas que estão nos campi das universidades em Santa Catarina, no Rio Grande do Sul, em São Carlos, em Campinas, em Belo Horizonte, nas nossas universidades espalhadas pelo Brasil afora, não só nas federais, mas em outras que também têm essa presença indígena; eu fico me questionando sobre essa experiência.

Sou muito crítico sobre essa coisa de os nossos filhos saírem do convívio com a sua cultura para fazer essa experiência formativa e, na verdade, transformadora no campo do conhecimento. Porque nenhum deles vai voltar igual para casa. Eu não voltei igual para casa. Eu andei pelo mundo, e essa fricção com diferentes culturas e experiências me provocaram para eu ser essa pessoa excêntrica que sou hoje. Não sou igualzinho aos meus primos, aos meus tios e ao pessoal da minha aldeia que convive comigo e me fala, de vez em quando: "Calma, calma, você está muito agitado".

Alguém me perguntou sobre não só adiar o fim desse mundo, mas pensar uma transformação radical nesse mundo. Essa ideia da transformação radical do mundo é alimentada pela mesma mentalidade que instituiu o mundo que nós estamos experimentando agora, e do qual não estamos gostando.

A imagem que me ocorre é assim: vamos imaginar que os nossos avós, a geração dos anos 1940, 50, isso para quem tem mais que 50 anos, tá, gente? Vamos imaginar o mundo que foi encomendado para agora, esse mundo que nós estamos vivenciando. Alguém encomendou esse mundo que nós estamos consumindo agora. Nós estamos encomendando um mundo que as futuras gerações vão consumir lá pela década de 2040, 50. Eles vão olhar para trás e dizer: "Caramba, como é que encomendaram um negócio tão ruim para nós?".

Alguns de nós também olhamos para trás e falamos: "Caramba, como é que largaram um mundo todo esculhambado desses para a gente? Tudo o que se prometeu no século 20 deu nisso aqui?".

Digo isso para a gente sair dessa crise política cotidiana de ficar achando que os nossos problemas todos nasceram ontem. Não tem nada que nasceu ontem, viu, gente? Se vocês estiverem achando que está muito bom, ótimo, não foi feito ontem. Se vocês estão achando que está muito ruim, também ótimo, não foi feito ontem. Isso começou a nascer pelo menos uma geração antes de nós, ou duas, ou até mais. Nada surgiu espontaneamente: foi produzido. Se nós estamos produzindo um sentimento de que queremos transformar radicalmente esse mundo, estamos reproduzindo a ideologia que produziu a Primeira e a Segunda Guerra Mundiais e que criou o armamentismo e que transformou o mundo nesse campo de batalha que é hoje.

Vocês têm ideia de quantas guerras regionais estão acontecendo agora? Guerra mesmo, aquelas de míssil, bombardeio e tudo. Devem estar acontecendo, mais ou menos, umas 300 guerras neste momento na Ásia, na África, no Oriente Médio, na América Central. Guerras mesmo, de matar 20 mil, 10 mil, 30 mil.

Estamos num mundo em convulsão. Aí você vira e fala: "Vamos fazer uma transformação radical dele?". Só se a gente apertar um botão e afundar todo mundo, aí sim será uma transformação radical. Daqui a, sei lá, uns 200 anos, o planeta vai estar muito lindo, nossos rios vão estar bonitos, nossas florestas vão estar bonitas, só a gente que não vai estar aqui. Seria a transformação mais radical que poderíamos propor. Mas se alguém tiver uma opinião diferente sobre transformações radicais, eu estou querendo ouvir.

Yussef Campos

PARTE 3

ANCESTRALIDADE E PROSPECÇÃO

Conheci Ailton Krenak há cerca de 10 anos. Ao investigar as atas da Assembleia Nacional Constituinte de 1987 e 1988 para meu doutoramento em História, na Universidade Federal de Juiz de Fora, deparei-me com as intervenções de Krenak em favor dos direitos indígenas. Uma atitude dele me marcou profundamente: enquanto desenvolvia seu discurso em plenário, defendendo a emenda apresentada pela União das Nações Indígenas, Ailton pintava seu rosto de jenipapo, em um gesto que os Krenak chamam de *Rin'ta*. Ao mesmo tempo que declara guerra, declara luto.

Quando encontrei Ailton na sede do governo de Minas Gerais, pois exercia cargo de secretário de assuntos indígenas do governo mineiro, para entrevistá-lo para minha tese, perguntei a ele se aquela manifestação, que o não indígena via como performance, era um rito Krenak. Quando me confirmou, pedi que me indicasse o nome. Ailton olhou para o céu, num sinal de quem buscava a informação na memória, e sinceramente afirmou: "Não me lembro. Um momento, que ligarei para minha mãe".

A ancestralidade é a casa da sabedoria. Os indígenas tratam seus anciãos com solenidade e respeito dignos de muita admiração. Creio que foi nesse momento que fui arrebatado por Ailton Krenak. Não só o intelectual, filósofo, ambientalista, pensador e líder indígena, mas também o ser humano.

Desde esse encontro, minha maneira de encarar o mundo vem sofrendo viradas constantes, possibilitando uma ampliação do conhecimento que a academia não proporciona. Mais que isso: dentro de mim, a epistemologia eurocêntrica, branca, hegemônica começava a ruir.

Quando conversei com ele sobre minha área de pesquisa – Patrimônio Cultural – ouvi a seguinte assertiva: "Isso é mercantilista. É do capitalismo. Não faz sentido para a cosmologia indígena". Tocado, indiquei a Krenak que tudo em que havia pensado para minha tese deveria ser revisto.

Até hoje é assim. Quando nos falamos ao telefone, em meio à pandemia que nos assola de maneira vil, Ailton sempre me interrompe quando inicio a conversa já tratando sobre nossos trabalhos em comum: "Como está seu filho, Yussef? Bem? Você precisa encontrar um lugar sem aglomerações, com muito espaço, para que ele possa brincar". Como ele conhece o apartamento no qual moro e suas dimensões diminutas, completou: "Ele não pode ficar trancafiado em um pequeno apartamento". Ailton é sempre surpreendente.

Ailton Krenak, durante a Constituinte, 1987.

Em seu discurso de 4 de setembro de 1987, Krenak afirmou: "Eu, com a responsabilidade de, nesta ocasião, fazer a defesa de uma proposta das populações indígenas à Assembleia Nacional Constituinte, havia decidido, inicialmente, não fazer uso da palavra, mas utilizar parte do tempo que me é garantido para defesa de nossa proposta numa manifestação de cultura com o significado de indignação – e que pode expressar também luto – pelas insistentes agressões que o povo indígena tem indiretamente sofrido pela falsa polêmica que se estabeleceu em torno dos direitos fundamentais do povo indígena e que, embora não estejam sendo colocados diretamente contra o povo indígena, visam atingir gravemente os direitos fundamentais de nosso povo"[05]. Não havia a previsão de que seria Ailton o porta-voz. Não só a fala, mas também o terno branco foram improvisados de última hora. O gesto *Rin'tá* justifica-se, segundo ele, já que os constituintes, após sessões e mais sessões, audiências mais audiências, nos âmbitos das subcomissões e comissões temáticas, modificaram o texto sobre os direitos indígenas a portas fechadas, na tentativa de diminuir as garantias indígenas.

Uma das garantias retirada foi a que vinculava o texto do que hoje conhecemos como artigo 231, §1º, exatamente sobre a definição de terras indígenas. Até o corte feito pelos constituintes, o texto apresentado era: "são terras tradicionalmente ocupadas pelos índios as por eles habitadas em caráter permanente, as utiliza-

---

05 // Disponível em: https://www2.camara.leg.br/atividade-legislativa/legislacao/Constituicoes_Brasileiras/constituicao-cidada/o-processo-constituinte/comissao--de-sistematizacao/COMSist23ext27011988.pdf. Acesso em julho de 2021.

das para suas atividades produtivas, as imprescindíveis à preservação dos recursos ambientais necessários a seu bem-estar e as necessárias à sua reprodução física e cultural, segundo seus usos, costumes e tradições **e do seu patrimônio cultural**". O trecho em destaque foi suprimido, como se fosse possível desmembrar cultura de territorialidade. Essa manobra foi articulada pelo então deputado federal Ruben Branquinho, do PMDB (hoje MDB, Movimento Democrático Brasileiro) do Acre. O congressista, que também atuava como engenheiro, construtor, e que ocupou a Secretaria de Transportes do Acre, tendo como foco de suas atuações a integração, via rodovias, entre Acre, Bolívia e Peru, justificou a supressão da seguinte maneira: se os indígenas pudessem usar a correlação de terras ocupadas e patrimônio cultural, daí toda Amazônia, por exemplo, poderia ser reivindicada como terra indígena. Muito embora houvesse emenda popular em sentido contrário, com 41.114 subscrições e representada pela Associação Brasileira de Antropologia, a do deputado saiu vitoriosa.

Nos arquivos digitais da Fundação Getúlio Vargas, é possível encontrar a seguinte hermenêutica do sujeito Ruben Branquinho: "Em 1983, transferiu-se para o Acre, onde ocupou, durante o governo de Nabor Júnior (1983-1986), do Partido do Movimento Democrático Brasileiro (PMDB), a Secretaria de Transportes. Em maio de 1986, foi obrigado a se desincompatibilizar do cargo, já que era candidato na legenda do PMDB a deputado constituinte nas eleições de novembro desse ano. Apoiado pelos setores de transportes da Amazônia Ocidental e pela União Democrática Ruralista (UDR), entidade que reunia grandes proprietários de terras, saiu-se vitorioso naquelas eleições, tomando posse na Câmara dos Deputados em 1º de fevereiro do ano seguinte. Nesse mesmo dia, instalou-se a Assembleia Nacional Constituinte, na qual integrou, como titular, e foi seu primeiro-vice-presidente, a Subcomissão do Poder Legislativo da Comissão da Organização dos Poderes e Sistema de Governo. Como suplente, integrou a Subcomissão do Sistema Financeiro da Comissão do Sistema Tributário, Orçamento e Finanças. Seus adversários colocaram sob suspeita sua considerável fortuna, distribuída entre enormes plantações e latifúndios, construída desde sua chegada ao Acre. Foi um dos articuladores do 'Centrão', grupo que reunia deputados conservadores na Constituinte e, nessa condição, durante os trabalhos de elaboração da Constituição, votou a favor da proteção ao emprego contra a demissão sem justa causa, da unicidade sindical, da limitação dos juros reais em 12% ao ano, da proibição do comércio de sangue e do aviso prévio proporcional. Votou contra a estabilidade no emprego, a jornada semanal de 40 horas, o turno ininterrupto de seis horas, o direito de greve, a desapropriação da propriedade produtiva, a legalização do jogo do bicho, a criação de um fundo de apoio à reforma agrária, a limitação dos encargos da dívida externa, o voto aos 16 anos, a soberania popular, o mandado de segurança coletivo, a pena de morte e o rompimento de relações diplomáticas com países com política de discriminação racial[06].

Naquele setembro de 1987, Krenak manifestou-se contra as manobras em prol dos ruralistas. Segue trecho de seu discurso: "Ao longo desse período, a seriedade com que trabalhamos e a reciprocidade de muitos dos Srs. Constituintes permitiram a construção, a elaboração de um texto que provavelmente tenha sido o mais avançado que este País já produziu com relação aos direitos do povo indígena. Esse texto procurou apontar para aquilo que é de mais essencial para garantir a vida do povo indígena. E muitas das pessoas que estiveram envolvidas nesse processo de discussão aqui, na Assembleia Nacional Constituinte,

---

06 // Disponível em: http://www.fgv.br/cpdoc/acervo/dicionarios/verbete-biografico/rubem-soares-branquinho. Acesso em julho de 2021.

se sensibilizaram a ponto de levar além dos limites das paredes desta Casa o trabalho relativo aos direitos indígenas, como foi na visita à área dos índios Caiapó, no Gorotire. Ouvindo ali, e tirando a impressão dos índios que estavam na aldeia acerca do que sentem, do que desejam para si, das inquietações que nós, indígenas, colocamos no sentido de ter um futuro, no sentido de ter uma perspectiva. Assegurar para as populações indígenas o reconhecimento aos seus direitos originários às terras em que habitam – e atentem bem para o que digo: não estamos reivindicando nem reclamando qualquer parte de nada que não nos cabe legitimamente e de que não esteja sob os pés do povo indígena, sob o habitat, nas áreas de ocupação cultural, histórica e tradicional do povo indígena. Assegurar isto, reconhecer às populações indígenas as suas formas de manifestar a sua cultura, a sua tradição, se colocam como condições fundamentais para que o povo indígena estabeleça relações harmoniosas com a sociedade nacional, para que haja realmente uma perspectiva de futuro de vida para o povo indígena, e não de uma ameaça permanente e incessante[07].

---

07 // Disponível em: https://www2.camara.leg.br/atividade-legislativa/legislacao/Constituicoes_Brasileiras/constituicao-cidada/o-processo-constituinte/comissao-de-sistematizacao/COMSist23ext27011988.pdf. Acesso em julho de 2021.

Outra frase marcante de seu discurso: *O povo indígena tem regado com sangue cada hectare dos oito milhões de quilômetros quadrados do Brasil.* Assim continua sendo no século 21.

Alternando entre hipócrita, leviano e necessário: é como percebo o texto da Constituição sobre os direitos indígenas. Explico-me. O texto do *caput* do artigo 231, "são reconhecidos aos índios sua organização social, costumes, línguas, crenças e tradições, e os direitos originários sobre as terras que tradicionalmente ocupam, competindo à União demarcá-las, proteger e fazer respeitar todos os seus bens" é, indiscutivelmente, imprescindível. Trata-se de uma vitória a inserção de tais direitos numa Constituição adjetivada de cidadã. Desde 1970, os movimentos indígenas, ao lado de outros grupos da sociedade civil, organizavam-se para exigir o reconhecimento de seus direitos. Parte dessa reivindicação está presente no texto acima. Mas o que me incomoda, para além da leitura jurídica, é o "reconhecimento". É estabelecer o óbvio. Esses direitos originários acima transcritos assim o são, originários, como o direito à terra. Diferentemente dos quilombolas, que obtiveram um texto que determina a propriedade destes à terra, os indígenas figuram como tutelados pelo Estado, pois cabe a este a proteção e demarcação, como proprietária frente ao seu locatário. "São reconhecidos..." juridicamente! Pois, do ponto de vista histórico e antropológico, já o eram. E o mais importante: os indígenas é que deviam indicá-las, demarcá-las, cabendo ao Estado o dever de vigilância e proteção contra quaisquer atos que atentem ao uso e gozo dos detentores originários do direito à terra.

É outra cosmologia. Outra visão de mundo. Visão essa que os não indígenas impõem como folclórica e exótica. Todavia é exigir muito de uma sociedade fundada pelos pilares do racismo, da exploração, do genocídio e do patrimonialismo, todos sedimentados pelo cimento do patriarcado.

A Constituição não enfrentou a Reforma Agrária. *"O Brasil tem vergonha da Reforma Agrária"*, diz Ailton. Leia-se, nesse eufemismo, que os donos do poder são os donos das terras. Apesar de lideranças indígenas das mais diversas etnias, como Raoni, Davi Kopenawa, Marçal Guarani, Ângelo Kretã, Ângelo Pankararé, Domingos Terena, Paulo Bororo, Paulo Tikuna, Lino Miranha, Álvaro Tukano, Marcos Terena e Ailton Krenak, dentre outros, terem exigido o reconhecimento de TODOS os direitos na Carta de 1988, a demarcação de terras indígenas continua, ainda hoje, a ser um tema sensível no Congresso Nacional, após mais de 30 anos da Constituinte. Os indígenas respeitaram o parlamento da constituinte como respeitam o warã, o lugar da fala e negociação em seus aldeamentos. Mas não foram por ele respeitados.

A vitória parcial é perenemente colocada em xeque. Comparado ao contexto ditatorial dos anos anteriores, os anos da Constituinte foram quase como uma *dessas primaveras*. Os diversos movimentos apelidados de primavera, quando, ainda que aparentemente, revestiam de lutas democráticas, fizeram Krenak assim se referir à década de 1980. Diante da invasão e da destruição das terras e dos povos originários realizadas por mineradoras, empreiteiras, garimpeiros, grileiros e hidrelétricas, os direitos indígenas parecem sucumbir, embora exista a garantia constitucional. Os direitos são originários, pois os povos são originários.

É dessa forma que Ailton defende, institucionalmente, ao menos desde a fundação da União das Nações Indígenas (UNI), nos anos 1970, os direitos dos povos da floresta. Reunindo quase duas centenas de etnias por meio da UNI, e, posteriormente, da Aliança dos Povos Indígenas, o movimento indígena foi ativo nos debates constituintes. Deriva dessa atividade, por exemplo, a Articulação dos Povos Indígenas do Brasil

(APIB), instituição indispensável na defesa dos povos originários nesse conturbado século 21.

Krenak, alfabetizado só na idade adulta, destaca-se desde a década de 1970 em sua atuação enquanto liderança. Nunca compreendeu a dicotomização do não indígena entre cidade e natureza. *"A natureza está presente em cada uma de minhas células corporais"*, costuma dizer. O filho da D. Nesita, que lhe ensinou a semântica do *Rin'tá*, diz que, enquanto os europeus invadiram o Brasil em 1500, os indígenas descobriram esse pedaço de terra chamado Brasil nos anos 1970, 1980, já que precisaram se reunir para defender seus direitos em um rito que os brancos chamam de Assembleia Nacional Constituinte. Lá, tiveram que afirmar o que, em suas cosmovisões, era insofismável: os indígenas que ali estavam são sobreviventes da colonização, de ocupações, de extermínios, de genocídios.

Ainda que agências internacionais (eurocêntricas, não esqueçamos) como ONU e seus tentáculos, como UNESCO[08] e OIT[09], tentassem intervir a favor dos direitos dos povos da floresta, não têm nem "a pálida imagem das reivindicações e neces-

---

08 // United Nations Educational, Scientific and Cultural Organization (Organização das Nações Unidas para a Educação, a Ciência e a Cultura).
09 // Organização Internacional do Trabalho.

sidades dos milhares de indígenas que povoaram o Brasil", sublinha Krenak.

Em minha perspectiva, a abismal diferença de cosmologias (ou a falta delas) entre indígenas e não indígenas é fonte dos permanentes ataques e violações aos povos originários. Para os indígenas, ensina Ailton, a Terra "é um organismo vivo, é uma grande canoa que nos leva juntos no percurso de um rio". Contudo, os brancos tendem a destruir a própria canoa, sem se preocupar com os resultados negativos que isso trará, obstinados que estão no lucro material. As cosmologias e cosmogonias são distintas, entre os próprios indígenas, já que se trata, no Brasil de centenas nações indígenas, e entre os não indígenas. "Mas todos elas tratam de um mesmo cosmo", educa-nos Ailton. Os diferentes lugares de origem conformam um só lugar. "O mundo não é repartido em departamentos [separados pelas fronteiras geopolíticas dos Estados-nação, ficção jurídica disseminada primordialmente pelos europeus], entendemos o mundo como um só lugar."

O presente é a ancestralidade
O futuro é prospecção

As camadas temporais, a linearidade do tempo, a divisão entre passado, presente e futuro. Tudo isso é incapaz de perceber a episteme trazida por Ailton em suas falas. A presença inconteste do passado no presente é inexorável. Não só pelas formas não indígenas, como também pela patrimonialização de bens culturais ou o uso da História e da memória para jogar luz em fatos e sujeitos pretéritos. Mas pela reivindicação da ancestralidade como argumento de autoridade, de transmissão de conhecimento e de questionamento da imposição dos conceitos eurocêntricos sobre os povos originários.

Em uma mesa redonda da qual participamos Ailton e eu, na cidade de Juiz de Fora, em 2013, na sede da Ordem dos Advogados do Brasil, Krenak dirimiu o que os advogados e juristas presentes apresentaram como Justiça. Disse ele que não há que se falar em Justiça se não houver a inclusão do outro, daqueles que são diuturnamente excluídos das práticas governamentais, jurídicas, legislativas e jurisdicionais que se impõem como funções do Estado. Como escrever uma Constituição sem a participação de indígenas, quilombolas, negros, ribeirinhos, religiosos e religiosas de matriz africana etc. (e ele sempre destaca a extensa lista dos excluídos, tornando-os maioria esmagadora), ou qualquer legislação? Ou por que os povos originários são impelidos a se submeterem à jurisdição e ao ordenamento não indígenas se não há protagonismo indígena quando se trata de direitos indígenas?

Esses questionamentos e outros mais Krenak desfilou em aula na Universidade Federal de Juiz de Fora onde dividimos outra mesa. Sempre me senti privilegiado pelas aulas dadas assim, tão de perto, ao mesmo tempo que tendia a aumentar a cobrança que eu mesmo me fazia quanto à revisão imprescindível de conceitos, categorias, princípios que importamos de tão longe se temos, tão próximo, exegeses, em sua maioria transmitidas oralmente, que melhor atendem ao patrimônio cultural. Destaco que essa mesma Universidade (na qual tenho orgulho de ter me graduado e me doutorado) concedeu a Ailton Krenak o título de Doutor *Honoris Causa*. Ao ser perguntado sobre a titulação, ele respondeu: "Embora esse reconhecimento tenha chegado junto com os meus 63 anos, é um ponto de partida, não de chegada. Este é um movimento para descolonizar a UFJF, abrir janelas para outros saberes e passá-los adiante". É a prospecção do futuro ensinada por Ailton.

Reencontrei Krenak em Goiânia, onde passei a viver desde 2015, a partir de aprovação em concurso para lecionar na Faculdade de História da

Universidade Federal de Goiás, trabalhando com patrimônio cultural. Convidei-o a vir a Goiânia em 2019, antes da pandemia, para proferir palestra cujo tema gravitava em torno do que indiquei como patrimônios marginalizados. Ou seja, as ancestralidades indígenas, quilombolas, negras, e suas culturas apreendidas pelos não brancos como Patrimônio seriam a pauta principal.

Gentilmente, ele aceitou o convite, e me indicou a data possível dentro de sua concorrida agenda. Marcado o voo, fiquei ansioso na expectativa pela chegada de Ailton no aeroporto de Goiânia. Tendo sido necessária uma troca de voo, que acabou impactando um pouco o planejamento de Ailton, ele sequer esboçou qualquer tipo de aborrecimento ao nos abraçarmos após o desembarque. Eu, preocupado e um tanto estressado com as mudanças, fui acolhido por um amplo sorriso dele, que logo me perguntou pela saúde de minha família.

Ao chegarmos em minha casa, acompanhados dos professores Lúcio Menezes, da Universidade Federal de Pelotas, e de Otair Fernandes de Oliveira, da Universidade Federal Rural do Rio de Janeiro, aguardava-nos uma bela mesa com arroz, tutu, costelinha, angu e couve, além de um aperitivo. Disse, com meu orgulho mineiro, que, para receber tão ilustre convidado, também mineiro, nada melhor que uma comida de nossa terra. Sem titubear, o conviva disparou: "Antes de ser mineiro, eu sou Krenak".

Os ensinamentos sobre a descolonização são comportamento inarredável em Ailton. *Por que está sorrindo, branco? Começamos uma guerra há mais de 500 anos. E estamos em guerra até hoje*, foi uma das tantas frases que ouvi esse personagem ímpar semear.

Obviamente o auditório onde Ailton Krenak faria sua palestra lotou em poucos minutos. Ao entrar, sendo ovacionado, porém percebendo que um número significativo de alunas e alunos não tinha conseguido acessar ao salão da UFG na qual se daria o evento, o palestrante solicitou aos que estavam na frente que se sentassem ao chão, próximo a ele, para que os do fundo pudessem ter acesso. Uma atitude que não ocorreu aos organizadores, nem mesmo a mim, para dar vazão ao mar de gente que tomou o local. Diversos estudantes indígenas estiveram presentes, de etnias distintas, mobilizados pelo fato de o protagonista do evento acadêmico não ser mais um professor ou professora com um pós-doutorado em uma renomada universidade europeia ou pesquisador ou pesquisadora com vários anos de investigação e ensino numa grande universidade brasileira. O protagonista era um parente. Um indígena. Um Krenak. Era Ailton.

Um dos pontos altos de sua fala foi a de questionar a máxima "o trabalho dignifica o homem". O lema cristão atenta à cosmologia e à cosmogonia indígena. Aquele ou aquela que não trabalha no ritmo da produção exigida pela fúria capitalista não é digno? Se não se quer atender às exigências das classes que detêm os meios de produção, com a venda da mão de obra por valores irrisórios, há de ser um indigno? Afinal, *não comemos dinheiro*. Fruir a vida deveria ser nossa ocupação, e não destruir o planeta em busca de lucros cada vez maiores. As palavras proféticas de Ailton anteciparam a crise mundial do coronavírus.

Já na Universidade de Brasília, também no ano de 2019, no terceiro Congresso Internacional dos Povos Indígenas da América Latina (CIPIAL), pude ouvir algumas lideranças de povos originários do cone sul falar sobre a defesa dos direitos indígenas. Destaco a atuação de Sônia Guajajara e, claro, de Ailton Krenak.

A partir da proposta elaborada pela organização do evento, "Trajetórias, narrativas e epistemologias plurais, desafios comuns", Ailton falou da relação dos Krenak com uma ancestralidade de sua cosmologia que havia sido ferida de morte: o Watu. Para os não indígenas, referia-se ao rio conhecido como Doce, que padece após o crime cometido pela atividade mineradora da Samarco, um empreendimento conjunto das maiores empresas de mineração do mundo, a brasileira Vale e a anglo-australiana BHP.

Em novembro de 2015, no subdistrito de Bento Rodrigues, a barragem de rejeitos conhecida como Fundão rompeu-se, causando o maior desastre ambiental da história brasileira. Sessenta e dois milhões de metros cúbicos de lama foram despejados sobre distritos de Mariana, inicialmente, e depois no Rio Doce e demais municípios a ele vinculados. Como ensina Ailton, *somos a praga do planeta*.

O Watu é parte da vida dos Krenak. De seus ritos. De sua alimentação. De sua agricultura. De sua higiene. Ele agora luta para sobreviver, pois a busca incessante pelo lucro não permite ao ser humano conter sua sanha por mais riqueza. Ailton diz que *parece que temos um plano B, um planeta B*. Mais de 120 famílias Krenak distribuídas em aldeamentos às margens do Watu não podem mais caçar, pescar, beber água do rio e irrigar suas roças. Casos de depressão, suicídio e adoecimentos multiplicaram-se entre os Krenak, que tiveram extirpados de si um elemento fundamental de sua identidade. Em referências às mineradoras, e aos sujeitos que se escondem sob a personalidade jurídica desses megaempreendimentos, Ailton assegurou: "Eles não respeitam nem os seres humanos que são mais ou menos parecidos com eles, imagina se vão respeitar um rio!"

Sobre a atividade da Fundação Renova, criada pelas empresas mineradoras por determinação do Ministério Público, Krenak pontuou que *é uma ofensa para as pessoas que perderam familiares, perderam a base de sua subsistência, de sua vida, assistir uma propaganda dizendo que tudo está voltando ao normal.*

Krenak tem razão ao nos nomear como pragas. Se relacionarmos os discursos sobre o patrimônio e a preservação de nossos recursos naturais, encontraremos, via de regra, eloquência retórica.

São reconhecidos pela UNESCO (da sigla em inglês, Organização das Nações Unidas para a Educação, a Ciência e a Cultura), o Complexo de Áreas Protegidas do Pantanal (MT/MS); as Reservas do Cerrado - Parques Nacionais da Chapada dos Veadeiros e das Emas (GO); e o Complexo de Conservação da Amazônia Central (AM).

Sobre o primeiro, o Instituto do Patrimônio Histórico e Artístico Nacional (IPHAN) assinala que "inscrito pela Unesco na Lista do Patrimônio Natural Mundial e Reserva da Biosfera em 2000, o Complexo de Áreas Protegidas do Pantanal, que compreende o Parque Nacional do Pantanal Mato-Grossense às Reservas Particulares de Proteção Natural de Acurizal, Penha e Dorochê, constitui o maior sistema inundado contínuo de água doce do mundo e um dos ecossistemas mais ricos em vida silvestre. O Pantanal recebeu esse reconhecimento devido à paisagem que, formada por ecossistemas particulares e tipicamente regionais, constitui uma das mais exuberantes e diversificadas reservas naturais do planeta"[10].

Quanto ao segundo, "os parques nacionais da Chapada dos Veadeiros e das Emas" foram declarados Patrimônio Mundial Natural pela Unesco, em 2001. As duas regiões são áreas protegidas do cerrado brasileiro, um dos ecossistemas tropicais mais antigos e diversificado do mundo. Por milênios, esses locais têm servido de refúgio para vá-

---

[10] // Disponível em: http://portal.iphan.gov.br/pagina/detalhes/40. Acesso em 17 de setembro de 2020.

rias espécies durante os períodos de mudanças climáticas e será vital para a manutenção da biodiversidade da região do cerrado durante futuras flutuações climáticas"[11].

Por fim, a Amazônia é área também inscrita que "possui mais de seis milhões de hectares e é uma das regiões mais ricas do planeta em biodiversidade, com importantes exemplos de ecossistemas de várzea, florestas de igapó, lagos e canais – os quais formam um mosaico aquático em constante mudança, onde vive a maior variedade de peixe elétrico do mundo. O Complexo de Conservação da Amazônia Central é formado pelo Parque Nacional do Jaú (inscrito em 2000), pelas reservas Desenvolvimento Sustentável Mamirauá e Amanã, e pelo Parque Nacional Anavilhanas (inscrito em 2003), todos no Estado do Amazonas"[12].

Contudo, me pergunto: por que estão sendo destruídos? Quem poderia protegê-los? De que serve o reconhecimento como patrimônios não só brasileiros, como Mundiais?

---

11 // Disponível em: http://portal.iphan.gov.br/pagina/detalhes/53. Acesso em 17 de setembro de 2020.
12 //Disponível em: http://portal.iphan.gov.br/pagina/detalhes/41. Acesso em 17 de setembro de 2020.

Uma resposta a uma das perguntas seria: o governo federal. Todavia, esse é um dos cúmplices, autores e artífices das criminosas destruições de nossos ricos biomas. Tornou-se notória a frase do ex-Ministro do Meio Ambiente Ricardo Salles que disse, em reunião ministerial, que o governo federal deveria aproveitar o foco dado pela mídia à Covid-19 para "passar a boiada". Isso significa relaxamento das leis ambientais, desregulamentação, ou, em português direto, torná-las frouxas e ineficientes.

Salles já vinha agindo nesse sentido. A Instrução Normativa 13/2020, publicada antes mesmo da sacrílega reunião do dia 22 de abril, permite a pulverização de fungicidas agrícolas e de óleo mineral na cultura da banana, com diminuição da distância entre as áreas de povoamento e as que serão pulverizadas por agrotóxico. Assim, comunidades rurais, quilombolas, indígenas, tornam-se mais suscetíveis a serem atingidas. Outro exemplo é a tentativa de regulamentação de terras ilegalmente ocupadas, através da Medida Provisória 910, a "MP da Grilagem".

A grilagem, a invasão de terra e o agronegócio são causas diretas de perseguição à agricultura familiar, da expulsão e do genocídio indígenas, da violência contra quilombolas e, claramente, da destruição dos biomas que deveriam ser protegidos.

Segundo o INPE (Instituto Nacional de Pesquisas Espaciais), o Pantanal enfrenta a maior série de queimadas dos últimos 20 anos[13]. Até hoje, já foram destruídos 15% de toda a extensão do bioma no Brasil. Espécies ameaçadas de extinção, como as onças-pintadas, suçuaranas, araras azuis, dentre outras, sofrem ainda mais com esses crimes ambientais.

O mesmo se passa com a Floresta Amazônica e o Cerrado brasileiros. Segundo o Greenpeace, dos focos de calor registrados em julho desse ano, "539 foram dentro de Terras Indígenas, um aumento de 76,72% em relação ao ano passado, quando foram mapeados 305 focos. Além disso, 1.018 atingiram Unidades de Conservação, um aumento de 49,92% em relação ao mesmo período do ano passado"[14]. Para o site Brasil Escola, "a pecuária extensiva e a agricultura mecanizada de soja, milho e algodão são as principais causas da destruição de boa parte desse tipo de for-

---

13 // Disponível em: http://queimadas.dgi.inpe.br/queimadas/aq1km/. Acesso em 17 de setembro de 2020.
14 // Disponível em: https://noticias.uol.com.br/ultimas-noticias/agencia-estado/2020/08/01/queimadas-na-amazonia-tem-alta-de-28-no-mes-de-julho-informa-inpe.htm. Acesso em 17 de setembro de 2020.

mação vegetal"[15]. Cumpre lembrar que o Cerrado é responsável pelo abastecimento de várias redes hídricas de todo o Brasil, e a Amazônia é fonte de umidade para alimentar de chuvas outras partes do país.

Assim, penso que as ações de patrimonialização não são simples panaceias. Devem ser meios de promoção desses biomas, de instrumentalização de políticas públicas de proteção, de aplicação de penalidades eficazes e efetivas. Infelizmente, hoje no Brasil, não é a isso que se assiste. Só há grilos e gafanhotos.

Entre uma mesa e outra, ainda na Universidade de Brasília, durante conversa informal entre Ailton, eu e outros pesquisadores, pesquisadoras e estudantes, dois cineastas portugueses se aproximaram do indígena com o qual haviam marcado uma conversa. Ele pediu aos dois que se aproximassem e participassem de nosso bate-papo, pois ele estava "descolonizando as ideias sobre o descobrimento". Momento icônico. Simbólico. Um indígena ensinando a brasileiros com o pensamento colonizado, e além deles, a dois portugueses, sobre o mito do descobrimento. *Uma alegoria*. Que dissemina na formação de nossos jovens a errô-

---

15 // Disponível em: https://brasilescola.uol.com.br/brasil/a-acao-fogo-no-cerrado.htm. Acesso em 17 de setembro de 2020.

nea imagem de um evento acontecido sem traumas, violências, dominações, estupros, genocídios, que se perpetuam até hoje. *Dizimar os indígenas e escravizar os negros é a maior herança deixada pelos portugueses.* A História do Brasil é uma história de exploração. As diferenças sociais, o racismo estrutural, a misoginia, o sexismo, os preconceitos que nos habitam, estão pautados em um passado violento, cujos traumas são recalcados e legados aos nossos descendentes como uma condição natural de nossa brasilidade.

Presenciamos um presente assustador. A maior crise sanitária de nossa república. Uma grande crise democrática em nossa federação. Parecemos estar no limbo. Mas há alento quando retomamos e reconhecemos nossos lugares de origem. As ancestralidades que habitam nosso presente. As raízes que cultivamos e que permitem alongar nosso horizonte e nossas expectativas, nossa prospecção de futuro.

Ao começar a pensar neste livro, no ano de 2020, e ainda sem encontrar um título que indicasse o sul que o norteia, retomei a leitura de um livro de Ailton Krenak, no qual me deparei com a seguinte dedicatória: *ao Yussef Campos, querido amigo que anima nossa invenção de mundo. Com afeto, Ailton Krenak.*

Quem conhece Ailton e teve a oportunidade de sentar-se com ele, sem a pressão dos lançamentos em livrarias lotadas, ou em congressos e demais eventos com um público alvoroçado por sua presença cativante, sabe que ele gosta de fazer desenhos junto ao texto dedicado ao dono do livro. O que ele fez no meu pareceu indicar um lugar de origem do amigo indígena (ver na folha de rosto). Tenho em Ailton uma fonte de ensinamento contínuo.

Este livro é só uma pequena parte do que nossas conversas – acadêmicas, textuais, pictóricas, informais – puderam colaborar para meu pensamento crítico, em contínua transformação. Assim espero que seja também para leitoras e leitores que se debruçarem sobre ele. Com calma. Sem a velocidade da instantaneidade do mundo materialista e mercantil, saboreando-o. Pois a fruição da vida deve ser o mote da própria vida.

Arquivo pessoal

Yussef Campos é Doutor pelo programa de pós-graduação em História da Universidade Federal de Juiz de Fora, e atua como professor na Universidade Federal de Goiás.

Ailton Krenak é escritor e líder indígena que luta pela manutenção das terras e da cultura dos povos originários brasileiros.

Este livro foi composto com Veneer e Whitney HTF.
Impresso em maio de 2024 pela gráfica Santa Marta em
papel Snowbright 70g (miolo) e cartão Supremo 250g (capa).